Des mêmes auteurs, aux éditions Leduc.s

La première année de Bébé, c'est malin, 2014

Maquette : Sébastienne Ocampo
Illustrations : Fotolia

17, rue du Regard
75006 Paris – France
ISBN : 979-10-285-0201-0

DR SARAH BURSAUX ALIX LEFIEF-DELCOURT

QUAND VA-T-IL (ENFIN) FAIRE SES NUITS ?

LE SOMMEIL DE VOTRE ENFANT DE 0 À 3 ANS EN 100 QUESTIONS-RÉPONSES

LEDUC.S ÉDITIONS

Sommaire

Introduction

Avoir un bébé, ça change la vie… et surtout les nuits. Le sommeil de Bébé est en effet l'un des thèmes majeurs de préoccupation de tous les jeunes parents, et l'une des plaintes les plus courantes dans les cabinets des pédiatres : « Mon bébé ne fait toujours pas ses nuits », « Je suis obligée de le bercer pendant une heure avant qu'il se rendorme », « Il passe sa soirée à pleurer jusqu'à ce qu'il trouve enfin le sommeil, épuisé », « Il se réveille toutes les trois heures en pleurant », « Mon enfant qui faisait ses nuits refuse maintenant de les faire », « Toutes les nuits, il nous rejoint dans notre lit », « J'appréhende le moment du coucher car c'est toujours la crise »…

Nombre de parents sont à bout, épuisés par tant de nuits sans sommeil. Certains patientent des mois, voire des années avant d'en parler, rongés par le fatalisme, la culpabilité, voire la honte de ne pas y arriver. D'autres en viennent à jalouser la « chance » de ceux qui n'ont jamais connu ce type de problème, de ceux dont les enfants ont fait leurs nuits à 2 mois à peine (eh oui, cela existe !). Et pourtant, dans la grande majorité des cas, ce n'est pas une question de chance. Certes, tous les enfants sont différents et, comme chez les adultes, il existe des « petits » et des « gros » dormeurs. Mais chacun peut agir sur le sommeil de son enfant. La bonne nouvelle, c'est qu'il suffit de comprendre comment se construit le sommeil de Bébé pour adopter les bons réflexes. Mais aussi de retenir que ce sont les solutions les plus simples, à la portée de tous, qui sont souvent les plus efficaces.

Cet ouvrage est construit en trois parties chronologiques. Notre objectif est de répondre aux principales questions que se posent les jeunes parents à chaque phase du développement de leur bébé.

- **Dans la première partie, nous abordons le sommeil de Bébé dès la grossesse jusqu'à 2 semaines environ.** Les premiers cycles de sommeil de l'enfant se mettent en effet en place dès la période fœtale et de nombreuses questions autour du sommeil de Bébé peuvent – et doivent – se poser avant même sa naissance : où installer son lit ? Le co-dodo, une bonne idée ou pas ? Sein ou biberon : cela va-t-il changer quelque chose pour le sommeil de mon bébé (et la qualité de nos nuits) ? Les premiers jours à la maternité, puis à la maison, sont également une étape importante, mais aussi et surtout le moment idéal pour prendre de bons réflexes. Le défi est double : réussir à comprendre comment fonctionne le sommeil de Bébé – afin de ne pas perturber sa mise en place – et parvenir, malgré tout, à se reposer et à s'adapter à ce rythme, qui risque bien de perdurer encore plusieurs semaines.

- **Dans la deuxième partie, nous suivons Bébé de 3 semaines à 9 mois.** C'est une phase importante avec la mise en place des cycles du sommeil, l'apprentissage de l'alternance jour/nuit… Bientôt, votre bébé devrait commencer (enfin !) à faire ses nuits. Ce sera, on le parie, votre préoccupation principale durant cette période. Même si c'est un processus avant tout biologique, il existe quelques astuces toutes simples pour lui donner de bonnes habitudes de sommeil pour maintenant… et pour plus tard.

- **Dans la troisième partie, nous traiterons de la période 10 mois-3 ans.** C'est l'une des plus agitées ! À 9-10 mois, votre bébé vit en effet une période de transition importante, l'apprentissage de la marche et du langage, mais aussi celle de la séparation, qui peut avoir des répercussions importantes sur son sommeil. De plus en plus autonome, votre enfant peut transformer le moment du coucher en véritable bras de fer. Sans compter les cauchemars et les terreurs nocturnes qui peuvent venir bruyamment perturber ses nuits (et les vôtres).

PARTIE 1

De 0 à 2 semaines : comment partir sur de bonnes bases ?

Les deux premières semaines de vie d'un bébé sont sûrement les plus fortes en émotions pour les parents, qui découvrent enfin le bébé qu'ils ont attendu pendant 9 mois (ou un peu moins). C'est aussi une période essentielle en termes de sommeil car, dès la naissance, le sommeil du nouveau-né commence à se structurer.

1

Le sommeil de Bébé avant la naissance

Grâce aux avancées technologiques, on sait aujourd'hui comment le sommeil de Bébé s'organise dans le ventre de sa maman. Un point essentiel pour bien comprendre comment se structure ensuite le sommeil du nouveau-né, mais surtout pour adopter les bons réflexes qui vont aider le bébé à adopter le bon rythme de sommeil.

1 *Dans mon ventre, mon bébé passe-t-il toute sa journée à dormir ?*

Avant 20 semaines de gestation environ, on ne peut pas vraiment dire que votre bébé « dort » au sens strict du terme. On préfère parler de « dormance » ou de « sommeil indéterminé ». Le sommeil proprement dit apparaît au fur et à mesure de la grossesse.

- Avant 20 semaines de grossesse, **les différents rythmes et mouvements du fœtus se mettent en place** : il commence à bouger ses membres de manière isolée à partir de la 9e semaine. Les mouvements de succion et oculaires lents et rapides sont, eux, identifiables entre 15 et 20 semaines de grossesse.

- C'est l'observation de ces paramètres, couplée à l'enregistrement du rythme cardiaque, qui permet de dire que **le fœtus « dort »** à partir de 20 semaines environ, soit 5 mois de grossesse. On constate ainsi une alternance activité-repos. Son sommeil est d'abord « indifférencié » (en clair, il n'y a pas plusieurs phases ou différents types de sommeil).
- Vers 6 mois de gestation, son sommeil évolue. Apparaissent alors **le sommeil agité** (équivalent du sommeil paradoxal chez l'enfant et l'adulte, voir ci-dessous) puis **le sommeil calme** (équivalent du sommeil lent).
- À partir de 8 mois de grossesse, **ces deux types de sommeil alternent** régulièrement, constituant des cycles d'environ 50 minutes.
- Ce n'est qu'à la fin du 8e mois de grossesse (36 semaines environ) qu'apparaissent les toutes premières petites périodes **d'état de veille calme.**

LE SOMMEIL, UNE SUCCESSION DE CYCLES

Le sommeil, chez le bébé comme chez l'enfant ou chez l'adulte, n'est pas un long fleuve tranquille. C'est une succession de cycles et de différents « stades » de sommeil, du plus léger au plus profond.

Chez l'enfant et l'adulte, une nuit est composée en moyenne de 4 à 6 cycles (on parle aussi de « train du sommeil ») de 1 h 30 à 2 heures, qui s'enchaînent.

- **la somnolence ou l'endormissement.** Cette phase dure entre 5 et 10 minutes. Elle est souvent précédée de bâillements et est caractérisée par une baisse de la vigilance et du tonus musculaire.

- **le sommeil lent.** Il dure en moyenne 1 h 10 à 1 h 40. Il est divisé en 4 périodes successives : le sommeil lent très léger/le sommeil lent léger puis le sommeil lent profond/le sommeil lent très profond. Le sommeil lent profond/très profond est la partie la plus importante du sommeil, durant laquelle sont produits l'hormone de croissance et des anticorps, et durant laquelle le corps se repose.
- **le sommeil paradoxal.** Le tonus musculaire est au plus bas, mais l'activité du cerveau est intense. Il recharge ses batteries et enregistre ce qu'il a appris dans la journée. La respiration et la fréquence cardiaque sont irrégulières. C'est la période propice aux rêves. Elle dure environ 10 à 15 minutes par cycle.

LE SOMMEIL DE BÉBÉ *IN UTERO* : DES DONNÉES TOUTES NOUVELLES

On ne connaît ces données, essentielles pour bien comprendre le sommeil du nouveau-né, que depuis peu. En effet, ce n'est que depuis quarante ans que le corps médical est capable d'étudier les rythmes de veille et de sommeil du fœtus dans le ventre de sa maman grâce, d'une part, aux enregistrements du rythme cardiaque obtenus par monitorage ultrasonographique et, d'autre part, à l'échographie doppler obstétricale qui montre les mouvements respiratoires, corporels et oculaires du fœtus. Ces données, que l'on peut observer directement durant plusieurs heures, ont permis de qualifier les états de vigilance du fœtus à différents stades de développement et de les comparer à ceux du nouveau-né.

2 *Il s'agite beaucoup dans mon ventre, est-ce que cela veut dire que ce sera un petit dormeur ?*

Jusqu'à la fin de la grossesse, force est de constater que le fœtus est un très gros dormeur. Il dort presque sans arrêt : ce sont les études électroencéphalographiques réalisées chez les grands prématurés qui ont permis de l'affirmer (on sait en effet que le sommeil des prématurés à la naissance se structure comme s'ils étaient restés dans le ventre de leur mère, ce qui permet d'en savoir plus sur le sommeil *in utero*, voir aussi p. 69). Les états de veille sont quasiment absents. Les mouvements que vous percevez dans votre ventre à partir de 5 mois de grossesse environ n'indiquent donc pas que votre bébé est éveillé : ils ont lieu pendant des périodes de sommeil agité. En clair, **votre bébé bouge mais, en réalité, il dort** ! Ces mouvements ne peuvent donc en rien présager de la qualité du sommeil de votre bébé à la naissance…

3 *Pourquoi mon bébé semble-t-il dormir la journée… et être éveillé toute la soirée ?*

Les futures mamans constatent souvent que leur bébé gigote davantage à certaines heures de la journée, notamment entre 21 heures et minuit, quand elles désirent se reposer de leur journée ! Cela s'explique par le fait que, chez le fœtus, il existe une certaine organisation circadienne de la vigilance, c'est-à-dire une organisation de l'alternance veille/sommeil sur un rythme de 24 heures. Ce rythme circadien est probablement contrôlé par les noyaux suprachiasmatiques* du cerveau du fœtus et **lié aux variations du taux de glucose sanguin et de la sécrétion de cortisol chez la maman** : plus faibles en début de soirée, ils pourraient

* Structure située dans l'hypothalamus, responsable du contrôle des rythmes circadiens.

provoquer une agitation plus grande du fœtus. De même, le pic de sécrétion de mélatonine en début de soirée et le rythme veille/sommeil de la maman sont probablement **des synchroniseurs externes importants pour le rythme du fœtus**. En clair, même si le sommeil du fœtus est totalement indépendant de celui de sa mère, certains facteurs biologiques maternels vont avoir pour effet de lui imprimer un certain rythme. Après l'accouchement, ces synchroniseurs maternels vont naturellement disparaître, tout comme ce rythme circadien, qui ne réapparaîtra progressivement qu'après le premier mois de vie de l'enfant.

L'avis des parents

« Lors de ma deuxième grossesse, ma fille a énormément bougé dans mon ventre, surtout le soir. Elle bougeait tellement que je ne savais plus comment m'installer. Je me suis alors dit que ce serait une petite fille très dynamique mais surtout une petite dormeuse. Dans la pratique, depuis sa naissance, elle est effectivement très active mais elle dort toujours énormément. Aujourd'hui, à 2 ans et demi, on peut la qualifier de grosse dormeuse (ou de petite marmotte !). Elle fait souvent des nuits de 12 heures (ou même parfois plus) et a encore besoin de 2 bonnes heures de sieste dans la journée. »
Alice, maman de Suzanne et Héloïse

4 *Pendant l'accouchement, le bébé dort-il ou est-il éveillé ?*

C'est un fait maintenant avéré : les bébés dorment pendant quasiment toute la durée de l'accouchement. On le sait grâce à la surveillance du rythme cardiaque fœtal pendant l'accouchement, et aux informations provenant de capteurs externes directement fixés sur l'enfant lorsque la poche des eaux est rompue. En règle générale, **les bébés ne se réveillent qu'au moment des contractions utérines les plus fortes et de l'expulsion**. On sait ainsi que le premier signe de souffrance du bébé pendant le travail est son réveil. Quand tout va bien, il dort !

5 *Cela change quelque chose pour son sommeil s'il naît le jour ou la nuit ?*

Le sommeil du nouveau-né n'est en aucune façon influencé par son environnement. En clair, il ne va pas mieux dormir s'il naît le jour ou moins bien dormir s'il naît la nuit (ou inversement !) car, pour lui, cela ne fait aucune différence. Le rythme circadien fœtal ébauché en fin de grossesse grâce à certains synchroniseurs maternels (voir p. 16) est perdu dès la naissance ! À la naissance, **le sommeil du nouveau-né s'organise sur un rythme complètement différent** : on parle de rythme « ultradien », en opposition au rythme « circadien » (voir encadré ci-après). Le bébé ne connaît pas le jour ou la nuit. Il est indifférent à son environnement lumineux et se réveille à n'importe quel moment du jour ou de la nuit. Son sommeil est fragmenté en périodes de 3 à 4 heures. En moyenne, le nouveau-né réalise une vingtaine de cycles de sommeil par 24 heures. Il aura, dans le courant de son premier mois, des périodes de sommeil plus ou moins longues (où il enchaîne plus ou moins de cycles de sommeil) sans aucune périodicité diurne ou nocturne.

RYTHME CIRCADIEN ET RYTHME ULTRADIEN

Un rythme circadien est un rythme biologique d'une durée de 24 heures environ. Ce terme vient du latin *circa*, environ, et *diem*, jour. Le rythme veille-sommeil est l'un des rythmes circadiens les plus importants chez l'être humain car il définit une grande partie de sa vie quotidienne. Mais il existe d'autres mécanismes essentiels qui fonctionnent sur cette périodicité : les variations de la vigilance, les modifications de la température corporelle, le fonctionnement intestinal… Ainsi, l'état de veille est optimal à 10 heures du matin, la température corporelle est la plus basse à 4 h 30 du matin, les intestins se remettent en route à 8 h 30, etc. Ces différents rythmes circadiens ne sont pas présents chez les nourrissons à la naissance, mais ils vont se mettre en place progressivement.

Un rythme ultradien est plus rapide qu'un rythme circadien. En latin, *ultra* signifie au-delà. Un rythme ultradien est donc un rythme dont la fréquence fait apparaître plus d'un cycle dans les 24 heures. Pendant les premières semaines, le nouveau-né est basé sur ce type de rythme, qui se répète toutes les 3 ou 4 heures.

2

Les premières questions à se poser pendant la grossesse

Pour être prêts le jour J à faire dormir son bébé dans les meilleures conditions possibles, mieux vaut s'y préparer dès la grossesse. Le choix du lit et de son emplacement (dans sa chambre ou dans la nôtre ?) a par exemple toute son importance. Tout comme le mode d'allaitement (au sein ou au biberon). Voici quelques clés pour vous aider à y voir plus clair, et à prendre les bonnes décisions.

6 *Les premiers jours, Bébé doit-il dormir dans la chambre des parents ou dans sa chambre ?*

La place du nouveau-né est proche de sa mère. En le faisant dormir dans son petit berceau à vos côtés, vous n'allez pas lui donner « de mauvaises habitudes » ou en faire « un enfant capricieux ». Ce choix est au contraire doublement bénéfique, pour lui comme pour vous.

- C'est la meilleure manière de pouvoir **vous reposer au mieux**. Quand il faut le nourrir la nuit, pas besoin d'enfiler une robe de chambre, d'allumer la lumière, de traverser le couloir : votre bébé est à portée de main.

- De cette manière, vous pouvez aussi **répondre sans délai à ses éveils nocturnes** en le nourrissant sans attendre qu'il s'énerve et ne s'éveille complètement. Il ne sera donc pas surstimulé et se rendormira plus facilement.
- Si vous êtes tout près de votre bébé, il vous est aussi **plus facile de reconnaître les premiers signes de faim**, tels que les bruits de succion et les petits grognements, et donc d'intervenir plus rapidement.

Le conseil en + de la pédiatre

Bien sûr, c'est pénible de voir ses nuits post-accouchement perturbées par les éveils fréquents de son nouveau-né, mais *a contrario*, la nuit est aussi un moment doux et calme où vous partagez l'intimité de votre bébé. Aucune activité ménagère ou perturbation quotidienne légitime (liée à vos autres enfants, par exemple) ne vient vous distraire de votre relation avec votre nouveau bébé, si petit et si dépendant. Votre nuit et celle de votre tout-petit doivent être organisées pour préserver ce calme et votre attachement naissant. Profitez-en !

L'avis des parents

« La première nuit à la maison, nous avons fait dormir Margot dans le couffin à côté de notre lit. Elle a dormi dans notre chambre jusqu'à ce que je récupère de la césarienne. Petit à petit, nous lui avons fait faire ses siestes dans sa chambre seule pour qu'elle s'habitue à cet environnement. Puis au bout de trois ou quatre semaines, nous l'y avons installée définitivement pour les nuits. Cela correspondait à une période à partir de laquelle elle devenait plus régulière dans ses réveils, même la nuit. »
Hoa Dung, maman d'Amandine, Timothée et Margot

« Pour notre première fille, dodo dans la même chambre sans hésiter, dans son couffin à côté de notre lit. Impossible de la quitter ! Mais les premières nuits, nous avons très mal dormi. Un bébé qui dort, ça fait beaucoup de bruit. Nous sursautions à chaque mouvement, nous nous réveillions à cause de sa respiration bruyante et nous allions sans cesse vérifier si tout allait bien. Nous l'avons gardée environ un mois dans notre chambre. Notre deuxième, nous l'avons installée à côté de notre porte, mais à l'extérieur de la chambre, pour ne pas nous inquiéter inutilement. »
Valérie, maman d'Eva et Juliette

7 *Lit à barreaux, berceau, couffin... : comment choisir ?*

Les fabricants de puériculture proposent aujourd'hui un éventail complet d'équipements pour faire dormir les bébés : couffin (de la naissance à 3 mois environ), berceau (jusqu'à 6 mois) puis lit à barreaux (jusqu'à 2 ou 3 ans). Rassurez-vous : ces différentes solutions de couchage ne sont pas obligatoires et il est tout à fait possible de faire dormir un nouveau-né directement dans son lit à barreaux, dès le retour de la maternité. Vous avez peur qu'il se sente un peu perdu dans ce lit un peu grand pour lit ? Sachez qu'il existe des astuces (voir le témoignage ci-après) ou encore des réducteurs de lit pour pallier ce problème.

Pour bien choisir son lit à barreaux, il existe **des critères importants**.

- Vérifiez qu'il est bien « **conforme aux normes de sécurité en vigueur** » (norme NF EN 716). Cela garantit le bon espacement des barreaux (6 cm maximum), une hauteur minimale des montants de 60 cm et une peinture de bonne qualité.
- De plus en plus de modèles proposent **des sommiers réglables en hauteur**. Au début, on le règle en position haute pour attraper Bébé sans se casser le dos, puis on descend le sommier au fur et à mesure que l'enfant grandit, afin qu'il ne sorte pas de son lit tout seul.
- Si vous voulez que votre lit à barreaux dure le plus longtemps possible, vous avez aussi la possibilité de choisir **un lit avec des barreaux en partie amovibles, voire un lit évolutif** qui se transformera ensuite en petit lit d'enfant.
- Choisissez **un matelas aux dimensions exactes du lit** que vous avez choisi, pour éviter que votre bébé ne se coince dans les espaces vides (risques d'étouffement). Il doit également être suffisamment ferme pour assurer le confort et la sécurité de votre tout-petit : 22 kg/m3 minimum. C'est essentiel pour prévenir la mort subite du nourrisson : si le matelas est trop mou et que le bébé se retourne, il risque d'enfouir son visage dedans et de s'étouffer.
- Veillez à **protéger le matelas avec une alèse et un drap-housse** (aux bonnes dimensions).
- Si vous optez pour **un lit parapluie** (lit d'appoint pour les week-ends, les vacances...), n'ajoutez jamais de matelas supplémentaire. Et n'oubliez pas qu'il ne s'agit que d'un lit d'appoint : mieux vaut ne pas y faire dormir votre bébé tous les jours.

L'avis des parents

« Mes deux filles ont dormi tout de suite dans leur "grand" lit, et cela ne leur a jamais posé de problèmes. Lors de la naissance de la première, une puéricultrice m'avait montré une astuce pour que le bébé ne se sente pas trop perdu dans cet immense espace : il suffisait de prendre un petit drap et de l'enrouler sur lui-même de façon à former un boudin que l'on place tout autour du corps de Bébé. Les nouveau-nés bougent très peu dans leur sommeil : ce réducteur de lit fait-maison reste donc en place toute la nuit. Et c'est très efficace, car cela permet de rassurer Bébé qui sent un contact en permanence contre lui. »
Alice, maman de Suzanne et Héloïse

Le conseil en + de la pédiatre

De nombreux jeunes parents se demandent à quel âge passer au lit « de grand », à savoir au lit sans barreaux. En général, cette transition se fait entre 2 et 3 ans, mais elle est totalement dépendante des enfants et du contexte. Certains enfants sont prêts à 2 ans, d'autres pas du tout, et il n'y aucune raison d'accélérer les choses. La seule situation où ce changement est impératif, c'est si l'enfant commence à escalader les barreaux de son lit pour en sortir, car cela peut se révéler très dangereux. Veillez également à ne pas associer ce changement de lit avec l'arrivée d'un autre enfant. Vous ne changez pas votre aîné de lit pour mettre un autre bébé à sa place !

8 *Le co-dodo, une bonne idée ?*

Dans de nombreux pays, les bébés dorment avec leur mère, dans le même lit, pendant de nombreux mois. Ils vont bien, ils dorment bien et les consultations pour troubles du sommeil n'existent pas ! Les habitudes de sommeil sont très culturelles et certaines ont montré rétrospectivement et scientifiquement qu'elles diminuaient les risques de mort subite du nourrisson. Ainsi, au Japon, les bébés dorment avec leurs parents dans la même pièce, sur un sol plat et dur recouvert d'une natte : **la prévalence de la mort subite est une des plus faibles du monde occidental**. Chez les bébés africains qui dorment toujours avec leur maman, peu de cas mort subite sont également constatés…

Et pourtant, une étude a montré (voir le tableau ci-dessous) que le risque relatif de décès est plus élevé quand Bébé partage le lit de sa mère que quand il dort dans son berceau, dans la chambre de ses parents, ou dans une chambre séparée. Elle conclut aussi que **l'endroit le plus sûr pour faire dormir son nouveau-né est dans son propre berceau à côté de votre lit**. La chambre doit être fraîche (entre 16 et 20 °C), le berceau équipé d'un matelas adapté et ferme, le bébé pas trop couvert et couché sur le dos, et personne ne doit fumer dans cette chambre (voir aussi p. 118)… Toutes ces considérations ont permis de diminuer drastiquement les risques de mort subite du nourrisson (voir p. 126). Soulignons par ailleurs que faire dormir son bébé sur un canapé multiplie les risques de décès par 30 !

*Risque relatif de décès selon le mode de couchage**

Lit de la mère pendant la tétée, puis berceau	0,66
Partage de la chambre, berceau séparé	1
Chambre séparée	1,9
Partage complet du lit maternel (co-dodo)	2,75
Sur un canapé	31,25

Qu'il soit souhaité ou impromptu (si la maman s'endort alors qu'elle est en train de nourrir son bébé la nuit dans son lit), le partage du lit parental doit obéir à **des règles de sécurité strictes.**

- Ne dormez jamais avec votre bébé **si vous avez consommé de l'alcool, des drogues ou des médicaments psychotropes** tels que des somnifères ou des tranquillisants. Toutes ces substances rendent le sommeil plus profond, et pourraient vous empêcher de vous réveiller rapidement en cas de problème.
- **Si vous ou votre conjoint êtes fumeur**, il est dangereux de partager le lit avec votre bébé car le tabac est réputé être un dépresseur respiratoire chez l'enfant.
- Il en va de même **si votre bébé est prématuré, hypotrophique** ou souffre d'une maladie congénitale à risque.
- Enfin, pour partager le sommeil de votre enfant avec le maximum de sécurité, vous devez dormir dans **un lit confortable, vaste, dont le matelas ferme est adapté au sommier**. Assurez-vous aussi que votre bébé ne risque pas d'être enfoui ou coincé entre le lit et le mur. Il faut également veiller à ce que les couvertures ne puissent pas recouvrir sa tête et qu'il ne risque pas de tomber du lit. Les canapés ou fauteuils de repos sont totalement inadaptés au sommeil partagé.
- **Le berceau side-car** est sûrement l'option la plus sûre pour votre bébé. Il s'agit d'un berceau dont on peut retirer les barreaux

* Source : P. S. Blair, P. J. Fleming, I. J. Smith, M. Ward Platt, *"Babies sleeping with parents: case-control study of factors influencing the risk of the sudden infant death syndrome"*, *British Medical Journal*, 1999.

d'un côté, afin de pouvoir accoler le matelas du lit parental et le matelas du lit du bébé. Ainsi, la maman et son bébé sont tout proches (la mère n'a qu'à tendre le bras pour prendre son enfant), tout en bénéficiant de deux espaces bien distincts.

9 *J'attends des jumeaux : faut-il les faire dormir ensemble ?*

Après neuf mois passés l'un contre l'autre, il semble impensable de séparer les jumeaux pour dormir, chacun dans leur lit. La plupart des parents de jumeaux le disent : les premières semaines, voire les premiers mois, **ils ont fait dormir leurs jumeaux ensemble dans le même lit à barreaux, chacun dans sa turbulette**. Sans ce contact physique rapproché, ils se sentiraient sûrement bien seuls. À partir d'un certain âge, ils deviennent bien sûr trop grands et l'idéal est de les mettre chacun dans un lit, en veillant toutefois à ce que chacun puisse voir l'autre depuis son lit.
Voir aussi les conseils pour bien gérer les nuits avec des jumeaux, p. 55.

Le conseil en + de la pédiatre

Il n'existe pas de solution idéale pour faire dormir les jumeaux, mais certaines solutions sont plus pratiques que d'autres (le côté pratique sera votre priorité les premières semaines !). Pour des jumeaux allaités, leur présence dans la chambre des parents est souhaitable les premiers temps, et le manque de place oblige souvent à les faire dormir dans le même lit, chacun à un bout du lit. Cette option est simple mais ne doit durer qu'un temps. Au bout de quelques semaines, il faudra coucher chaque bébé dans son propre lit.

10 *Sein ou biberon : qu'est-ce que ça change au niveau du sommeil ?*

Un bébé nourri au lait artificiel et au biberon dormirait mieux qu'un bébé exclusivement allaité au sein. Ce mythe a la vie dure et vous trouverez toujours une amie pour vous conseiller, si vous allaitez votre enfant, de lui donner un biberon le soir afin qu'il fasse ses nuits plus rapidement ! Mais qu'est-ce qui est de l'ordre du mythe ? Et qu'est-ce qui est de l'ordre de la réalité ? Faisons le point.

- Il faut savoir que **le nouveau-né dort en moyenne 16 heures par jour, qu'il soit nourri au sein ou au biberon**. Parmi les bébés, il y a des gros et des petits dormeurs, quel que soit le mode d'alimentation. Le nouveau-né est sous l'influence d'un rythme ultradien avec des périodes de sommeil de 3 à 4 heures maximum entre les prises alimentaires (voir aussi p. 18), et ce rythme est totalement indépendant de l'alimentation. Cela a été très bien montré grâce à l'observation du sommeil de bébés nés à terme et en nutrition entérale continue (gavage gastrique) ou parentérale (voie intraveineuse). Ces bébés se réveillent exactement selon le même rythme que les autres bébés du même âge.
- Le lait maternel est souvent considéré comme plus « léger » que le lait artificiel. En réalité, **c'est le lait artificiel qui est plus lourd et moins digeste** : il met donc plus de temps à être digéré. Il entraîne une satiété rapide et un endormissement plus profond. Le nouveau-né allaité au sein à la demande, lui, régule lui-même ses prises sur 24 heures et fractionne souvent un peu plus son alimentation et donc son sommeil. Résultat : un bébé nourri au biberon a souvent tendance à se réveiller moins souvent qu'un bébé allaité au sein. En revanche, une

étude* a montré que la quantité de sommeil chez les bébés nourris au sein était souvent plus importante que celle chez les bébés nourris au biberon, car ces bébés, s'ils se réveillent plus souvent, se rendorment aussi plus vite.

Le conseil en + de la pédiatre

Statistiquement, les enfants allaités se réveillent un peu plus et font en moyenne leurs nuits un tout petit peu plus tardivement que les bébés nourris au biberon. Mais cela dépend beaucoup de chaque enfant : certains bébés allaités peuvent faire leurs nuits à 5 semaines – c'est d'ailleurs le cas de mon propre fils ! – et d'autres à 9 mois – ce fut le cas de ma fille, alors que tous les deux ont été allaités pendant 5 mois... Le mode d'allaitement ne doit donc pas être choisi en fonction de cette raison.

LE LAIT MATERNEL : UN COCKTAIL POUR BIEN DORMIR !

Le lait maternel contient de la mélatonine. Impliquée dans la régulation des cycles d'éveil et de sommeil, cette hormone, couramment surnommée « hormone du sommeil », est utile pour aider à l'endormissement. Il contient aussi des nucléotides qui ont une action hypnotique sur le bébé. La sécrétion de ces substances suit un rythme circadien : en clair, elles sont davantage présentes dans le lait maternel produit par la maman le soir ou la nuit. On peut donc avancer que le lait maternel aide

* J. Cubero et *al.*, *"The circadien rythm of tryptophan in breast milk affects the rythms of sleep in new born"*, *Neuroendoccrinoly Letters*, 2005.

l'enfant à dormir plus le jour que la nuit, et donc à adopter plus vite le rythme éveil-sommeil. De quoi battre en brèche l'idée reçue qui consiste à dire que le bébé ne fait pas ses nuits parce que sa maman l'allaite !

11 *Si je l'allaite, comment se déroulent les nuits ?*

Le bébé allaité au sein, tout comme le bébé nourri au biberon, peut être un gros ou un petit dormeur. On sait qu'il s'autorégule et prend les rations de lait en quantités adaptées à ses besoins du moment. Pour qu'un allaitement se déroule correctement, **il faut que le bébé tète la nuit. C'est un impératif, aussi bien pour lui que pour la réussite de l'allaitement.** En effet, la stimulation régulière et fréquente du sein par la tétée le premier mois est nécessaire pour atteindre la capacité de production maximale du lait maternel. En outre, c'est la nuit que le taux de l'hormone de la lactation, la prolactine, est le plus élevé et ses pics sont directement déclenchés par la succion du bébé. Un nouveau-né qui ne tète pas la nuit (parce qu'il est trop faible ou malade, par exemple) peut compromettre la mise en route de l'allaitement. Les tétées de nuit représentent une quantité importante de la ration quotidienne du bébé. Jusqu'à 9 semaines, tous les nourrissons allaités tètent la nuit. Soixante pour cent d'entre eux le font encore entre 9 et 26 semaines.

Les premiers temps, les nuits peuvent être difficiles pour la maman qui est fatiguée de l'accouchement et les bouleversements hormonaux qui en découlent. Mais heureusement, il existe des astuces pour réussir à concilier allaitement et repos.

- **La nuit, gardez votre bébé près de vous**, à portée de main, en le faisant dormir dans son petit berceau près de votre lit : cela vous permettra de décrypter rapidement et plus facilement les signes de faim qu'il émet. Le bébé prêt à téter s'étire, tourne la tête, tire la langue, ouvre la bouche et fait des bruits de succion.
- **Réagissez rapidement** : il ne faut pas laisser le bébé s'énerver mais au contraire le nourrir dès l'éveil, car il ne peut téter efficacement que pendant les phases d'éveil calme.
- Pour lui apprendre à reconnaître progressivement le jour de la nuit, **stimulez-le le moins possible la nuit**. Privilégiez la lumière tamisée et les bruits feutrés. Cela lui permettra de se rendormir plus vite… et vous aussi.

Le conseil en + de la pédiatre

Stimuler le moins possible son bébé la nuit est essentiel pour ne pas perturber son rythme et lui apprendre à faire la différence jour-nuit. Dans le même ordre d'idée, il faut rapidement arrêter de changer ses couches la nuit (à partir de deux ou trois semaines). Sauf si, bien sûr, votre bébé a fait une grosse selle ou si sa couche fuit !

L'ALLAITEMENT AU SEIN, PAS PLUS FATIGANT POUR LES MAMANS QUE L'ALLAITEMENT AU BIBERON

On croit souvent que les mamans qui allaitent leur bébé sont plus fatiguées que les autres, car les bébés allaités seraient plus demandeurs la nuit. En 2010, des chercheurs américains se sont penchés sur cette question et ont étudié le cas de mamans entre la deuxième et la douzième semaine après l'accouchement. Leurs résultats ont été publiés dans la revue *Pediatrics**. Ils ont conclu que la quantité de sommeil est la même chez toutes les mamans, qu'elles choisissent l'allaitement au sein, au biberon ou même mixte.

La raison : **même si les mamans allaitantes ont tendance à se réveiller plus souvent que les autres, elles se rendorment aussi plus vite**, grâce à la prolactine, l'hormone proallaitement, qui a un effet soporifique. De plus, ces mêmes mamans allaitent souvent couchées, ce qui favorise encore un peu plus le rendormissement. Sans oublier que la prolactine fait également de l'effet au bébé, qui se rendort plus vite ! De leur côté, les mamans qui donnent le biberon sont un peu moins souvent réveillées mais elles auraient davantage de mal à se rendormir, car pour elle, ces éveils nocturnes sont plus longs et surtout plus stimulants : elles allument la lumière, elles doivent se lever, préparer le biberon…

* H. E. Montgomery-Downs, H. M. Clawges, E. E. Santy, *"Infant feeding methods and maternal sleep and daytime functioning"*, *Pediatrics*, 2010.

L'avis des parents

« J'ai allaité mes deux filles. J'ai trouvé que c'était très pratique la nuit. Cela permet de "comater" en même temps. J'ai beaucoup aimé la position sur le côté en face-à-face. Je luttais quand même pour ne pas me rendormir : trop peur de l'écraser ensuite ou que mon bébé s'étouffe sous la couette. Pour ne plus m'inquiéter, j'ai ensuite privilégié la position assise avec coussin d'allaitement : c'était très confortable pour nous deux. L'allaitement est aussi très pratique pour l'endormissement. Juliette pleurait beaucoup le soir. Pour avoir un peu de tranquillité, le dernier repas du soir était très long, je la laissais s'endormir sur mon sein (toujours avec le très confortable coussin d'allaitement). Pas génial de se sentir comme une sorte de tétine géante, mais cela nous reposait les nerfs ! Elle se réveillait bien sûr dès que je voulais la remettre dans son lit... »
Valérie, maman d'Eva et Juliette

12 *Si je lui donne le biberon, à quoi ressemblent les nuits ?*

Les premières nuits du bébé allaité au biberon sont souvent entrecoupées par des éveils liés à la faim, en moyenne toutes les 2 heures au début. C'est un passage obligé ! Mais rassurez-vous, cela ne dure pas. Petit à petit, ces prises vont s'espacer et rapidement, elles seront moins fréquentes la nuit que le jour.

Si vous avez choisi d'allaiter votre bébé au biberon, le maître mot, c'est organisation. C'est la clé pour que les nuits soient les moins pénibles possibles. En effet, les biberons doivent être préparés juste avant consommation, car le lait artificiel en poudre n'est pas stérile et les bactéries peuvent proliférer rapidement si le biberon est reconstitué à l'avance. Mais il existe des astuces pour vous simplifier la vie !

- Le soir avant de vous coucher, **préparez les mesures de lait** adaptées nécessaires pour la nuit (dans une boîte doseuse, par exemple), et déposez-les sur votre table de nuit.
- **Préparez également les biberons et les tétines**, et posez une bouteille d'eau à côté de votre lit.
- Sachez également qu'il est **inutile de chauffer le biberon** : les bébés peuvent sans problème boire leur lait à température ambiante.

L'un des avantages de l'alimentation au biberon (par rapport à l'allaitement maternel) est que la tâche peut être partagée avec le papa. En effet, vous pouvez le mettre à contribution la nuit afin de vous reposer un peu. C'est une aide précieuse, et le papa pourra intervenir aussi si le bébé ne se calme pas ou ne retrouve pas le sommeil après avoir été nourri. Le peau-à-peau avec papa est très réconfortant !

13 *Est-ce que je peux faire de l'allaitement mixte dès les premières nuits pour pouvoir récupérer un peu ?*

Sur le papier, l'allaitement mixte dès les premières nuits semble une solution très séduisante. Cette technique consiste à donner un biberon de temps en temps à son bébé, en complément de l'allaitement au sein, en particulier la nuit. Ce qui, en théorie, peut aider la jeune maman à se reposer un peu car le biberon peut être donné par le papa. **Si cette technique peut fonctionner à merveille dans certains cas, elle peut en revanche compromettre gravement la mise en route d'un allaitement désiré.** Avec un biberon de complément, l'enfant tète trop facilement : il s'habitue à « mal » sucer et stimule moins bien les seins de sa mère. Résultat : la lactation diminue, l'effort au sein devient pour lui trop important par rapport à celui demandé par la tétine, et le nouveau-né en vient à délaisser le sein maternel. L'engrenage est souvent très rapide.

Le conseil en + de la pédiatre

Chez un bébé affamé et en cas de montée de lait tardive, il est possible de donner un peu de lait maternisé à l'enfant. Mais dans ce cas, il ne faut pas utiliser le biberon, afin de ne pas créer de confusion et de mécanisme d'habituation chez le bébé. Il est préférable d'utiliser une tasse ou une seringue.

Ce dilemme a été tranché par **les spécialistes de l'allaitement qui proscrivent totalement l'introduction d'un biberon nocturne dit « de complément » à la maternité**. Le label Hôpital ami des bébés (programme de promotion de l'allaitement maternel à la maternité) a défini la mise en œuvre des conditions optimales de la réussite de l'allaitement définies par un comité d'experts de l'OMS en 1991 (voir encadré ci-après), et l'allaitement exclusif fait partie de ces conditions. Quinze mille maternités les appliquent dans le monde.

LE LABEL HÔPITAL AMI DES BÉBÉS : 10 CONDITIONS POUR LE SUCCÈS DE L'ALLAITEMENT MATERNEL

1. Disposer d'une politique écrite sur l'allaitement maternel qui est examinée régulièrement avec le personnel de soins de santé.
2. Dispenser à tout le personnel une formation pour l'application de cette politique.
3. Fournir à toutes les femmes enceintes des renseignements sur les avantages et la prise en charge de l'allaitement.
4. Aider les mères à commencer l'allaitement dans la demi-heure qui suit l'accouchement.
5. Montrer aux mères comment allaiter et comment conserver une réserve de lait, même quand elles ne sont pas avec leur bébé.
6. Ne pas donner aux bébés naissants de la nourriture ou un breuvage autre que le lait maternel, sauf si ceci est nécessaire pour des raisons médicales.
7. Laisser les mères et les bébés ensemble 24 heures sur 24 (cohabitation).
8. Encourager l'allaitement maternel lorsque la mère le demande.
9. Ne pas donner de tétine aux bébés qui sont allaités.
10. Contribuer à la création de groupes de soutien consacrés à l'allaitement maternel et aider les mères à y avoir accès lorsqu'elles sortent de l'hôpital ou de la clinique.

Source : Initiative Hôpital ami des bébés (OMS et UNICEF 1991).

3

Comment bien gérer les premières nuits (à la maternité puis à la maison) ?

Ça y est, votre bébé a enfin montré le petit bout de son nez ! C'est le bonheur total… même si vous êtes complètement épuisée, et que vous n'avez qu'une envie : dormir. Mais la maternité n'est pas forcément l'endroit idéal pour cela. Votre mission maintenant : prendre le temps pour faire connaissance avec votre bébé, tout en essayant de récupérer au maximum (un accouchement est toujours fatigant, même s'il se passe très bien) et de vous reposer… tout en vous adaptant au rythme, souvent très mouvementé, de votre bébé !

14 *Comment se passent les premières nuits à la maternité ?*

À la maternité, les nuits se suivent mais ne se ressemblent pas…

- **La toute première nuit de votre bébé se déroule souvent de façon idéale !** Après une phase d'éveil, juste après l'accouchement, qui dure environ 2 heures, votre bébé a besoin de récupérer. Et cette phase de récupération peut durer jusqu'à 24 heures. Pour les bébés, la naissance est en effet un moment éprouvant et fatigant physiquement, et ils ont besoin de dormir. De plus, ils ont encore dans l'estomac des réserves de nourriture qui leur permettent de tenir quelques heures sans se réveiller ni pleurer. De votre côté, tout dépend de certains facteurs. Selon l'heure à laquelle votre bébé est né, il vous sera plus ou moins facile de faire une vraie nuit. Si l'accouchement s'est déroulé dans la journée (jusqu'en fin d'après-midi), vous pourrez plus aisément enchaîner avec une vraie nuit, surtout si votre bébé est en phase de récupération. En revanche, si vous accouchez le soir ou dans la nuit, celle-ci risque d'être compromise, et il vous faudra attendre la suivante pour essayer de fermer l'œil. Mais, à ce moment-là, votre bébé aura peut-être déjà terminé sa phase récupération et enchaîné sur la phase « java » (voir page suivante).

L'avis des parents

« La première nuit à la maternité, je me suis réveillée plusieurs fois pour vérifier si tout se passait bien. Si mon bébé n'avait pas faim, s'il n'était pas sale... Finalement, il a mieux dormi que moi et a même fait une très bonne nuit. J'ai l'impression que les nuits étaient plus longues à la maternité qu'à la maison ! »
Hoa Dung, maman d'Amandine, Timothée et Margot

« La première nuit, j'avais trop envie de jouer à la poupée avec mon tout nouveau bébé (elle est née à 17 h 30) ! Donc j'étais trop heureuse quand elle s'est enfin réveillée, dans la nuit. Le lendemain, je faisais moins la maligne, d'autant que j'ai eu quelques difficultés pour la mise au sein. »
Anne, maman de Luna

- **La deuxième nuit est souvent très différente de la première.** D'ailleurs, ce phénomène porte un nom : on l'appelle **la « java de la deuxième nuit »** (il peut d'ailleurs, dans certains cas, durer aussi la troisième nuit !). Il correspond à un comportement biologique naturel constaté autant chez les bébés allaités que chez les bébés non allaités. On pourrait l'expliquer par le fait que, un peu plus reposé, l'enfant est plus alerte sur son environnement extérieur. Il se rend compte que quelque chose a changé : il n'entend plus les bruits du cœur de sa maman, se retrouve tout seul dans un lit… Bref, il a perdu tous ses repères et se sent dans un monde complètement nouveau. Il n'a alors qu'une envie : retrouver la chaleur dans laquelle il a baigné et entendre à nouveau les bruits familiers qui l'ont bercé pendant 9 mois. Et la seule façon de vous le faire savoir, c'est de s'agiter sans arrêt et de pleurer ! Il ne se calme que quand il est au contact de votre peau ou quand vous le mettez au sein.

Le conseil en + de la pédiatre

Il est très important d'être informée du phénomène de la « java de la deuxième nuit » en amont, pour ne pas se sentir désemparée et impuissante le moment venu, ou bien pour remettre en cause sa capacité à allaiter son bébé. Cette phase de grande agitation est une étape physiologique importante. Ces pleurs ne sont pas tout le temps un signe de faim. Si vous allaitez, ne vous remettez pas en cause et ne vous précipitez pas sur un biberon de complément ! Votre bébé a surtout besoin de vous et ce n'est pas parce que vous allez le prendre dans vos bras toutes les 10 minutes qu'il va « prendre de mauvaises habitudes » par la suite. Votre enfant a avant tout besoin d'être rassuré. N'hésitez pas à lui parler tout doucement... et à le reposer dans son lit quand il est plus calme. Il recommencera sûrement à pleurer une heure après, et c'est tout à fait normal !

COMBIEN DE TEMPS DURE UN SÉJOUR À LA MATERNITÉ ?

En moyenne, un séjour à la maternité en France dure 4,2 jours*. C'est beaucoup plus que dans certains autres pays : 3,4 en Italie, 3,1 en Allemagne, 2 aux États-Unis, aux Pays-Bas ou en Irlande, 1,7 au Royaume-Uni, 1,5 en Turquie... Mais cette durée a aujourd'hui tendance à baisser. De nombreux professionnels de santé estiment en effet que, quand la grossesse et l'accouchement se sont bien passés, une jeune maman peut sortir de la maternité dès le deuxième jour. Ce qui est de plus en plus pratiqué dans certains établissements. Dans ce cas, la maman et le bébé bénéficient d'un accompagnement à domicile par une sage-femme pendant quelques jours. En 2010, la Sécurité sociale a également mis en place un programme expérimental dans certains départements. Baptisé Prado (Programme d'accompagnement du retour à domicile), il a pour objectif de raccourcir le séjour à la maternité en développant l'accompagnement à domicile des jeunes mamans par une sage-femme libérale. Ce dispositif n'est pas obligatoire, il s'adresse uniquement aux jeunes mamans volontaires, et sous certaines conditions (femmes majeures, accouchement par voie basse, sans complication et bébé en bonne santé).
Pour connaître la liste des maternités proposant ce dispositif, rendez-vous sur le site de l'Assurance maladie : www.ameli.fr

* Source : OCDE (Organisation de Coopération et de Développement Économiques).

15 *Et moi, comment je fais pour tenir le coup à la maternité ?*

Un séjour à la maternité n'est pas de tout repos ! Les journées commencent souvent très tôt avec une première visite matinale de l'infirmière qui vient prendre votre tension et votre température, puis avec le petit déjeuner. Ensuite, les visites s'enchaînent : sage-femme, auxiliaires de puériculture, pédiatre… Sans oublier que vous devez aussi faire prendre le bain à votre bébé, le changer, l'habiller, et prendre soin de vous ! Quant à l'après-midi, il est le plus souvent marqué par les visites de la famille, des amis… et à nouveau de l'équipe de soins. Bref, **le rythme est soutenu, et il n'est pas toujours évident d'avoir un moment à soi pour faire une petite sieste**, ou simplement pour prendre le temps de souffler.

Mais il est toutefois important d'essayer de vous reposer au maximum pendant ce séjour. L'équipe de la maternité est là pour s'occuper de vous, pour prendre le relais avec votre bébé si vous le souhaitez. Alors profitez-en ! Ce n'est pas quand vous rentrerez à la maison que vous pourrez le faire, car les premières nuits avec un nouveau-né sont souvent très agitées. Pour éviter d'être trop épuisée, il existe des règles d'or à retenir.

- **Adaptez-vous au rythme de votre bébé !** N'hésitez pas à faire une petite sieste quand il dort. Allaitez-le à la demande et ne le réveillez pas pour lui donner à manger.
- N'hésitez pas à **limiter les visites** si vous ne vous en sentez pas la force. Chargez le papa de gérer les horaires, le nombre de personnes à la fois, la durée des visites…
- Pensez à **éteindre votre téléphone portable** afin de ne pas être dérangée à tout bout de champ (surtout pas en pleine sieste). Et à être tentée de vérifier votre mail ou vos réseaux sociaux toutes les 5 minutes.

- **Écoutez-vous !** Inutile de vous forcer à vous lever si vous ne vous sentez pas encore prête. Certaines femmes ont plus de mal que d'autres à se remettre d'un accouchement, et il est inutile de vouloir en faire trop.

FAIRE DORMIR LE PAPA À LA MATERNITÉ : UNE BONNE IDÉE POUR M'AIDER À RÉCUPÉRER ?

Dans certaines maternités, les jeunes papas qui le souhaitent peuvent rester dormir sur place avec leur compagne et leur nouveau-né une ou plusieurs nuits, sur un lit d'appoint. La plupart du temps, cette possibilité est envisageable uniquement dans certains cas bien particuliers, par exemple si la maman souffre d'une pathologie importante. Une option pratique également quand la maison familiale est loin de la maternité, et que le papa doit faire plusieurs dizaines de kilomètres pour rendre visite à sa femme et son enfant. Hormis ces cas particuliers, est-ce vraiment une bonne idée ? Certaines mamans peuvent certes se sentir rassurées d'avoir leur compagnon à leurs côtés les premières nuits pour les aider. Mais entre les bruits de couloir (ou des chambres voisines), les visites inopinées de l'équipe médicale et les pleurs répétés du bébé, pas sûr que le jeune papa parvienne vraiment à dormir ! Il sera à coup sûr beaucoup plus au calme à la maison pour se reposer comme il le souhaite. En pleine forme lors du retour à la maison de sa femme et de son bébé, il sera plus susceptible de prendre le relais pendant que la maman se repose. Ce qui n'est finalement pas si mal. Certaines mamans apprécient également de se retrouver un peu seules avec leur bébé après l'accouchement. Épuisées, pas toujours au top sur le plan physique, elles préfèrent ne pas trop

« se montrer », et profiter pleinement de la relation exclusive qu'elles ont avec leur bébé. Ce n'est pas un acte d'égoïsme, juste un instinct de survie !

16 *Est-ce que je peux laisser mon bébé une nuit complète à la nursery de la maternité ?*

Certaines maternités sont dotées d'une nursery ou pouponnière. Les jeunes mamans peuvent donc y faire garder leur bébé pendant quelques instants la journée (le temps de prendre une douche, par exemple) ou bien toute une nuit si elles le souhaitent. Si certaines mamans considèrent cette possibilité comme une aide précieuse, d'autres peuvent se sentir coupables d'abandonner leur bébé qu'elles ont attendu pendant neuf longs mois. À vous de décider si vous souhaitez en profiter ou pas.

- Cela peut être **une bonne option pour vous reposer une nuit entière**. Et être en pleine forme le lendemain pour vous occuper au mieux de votre enfant.
- La plupart du temps, cette option vous est offerte pendant **une ou deux nuits**, mais pas plus. Il est rare de pouvoir confier son bébé à la nursery toutes les nuits. Et surtout, ce n'est pas une bonne idée de ne pas passer au moins une nuit seule avec lui avant le retour à la maison.
- **Si vous allaitez votre bébé**, vous pouvez aussi le laisser à la nursery une ou plusieurs nuits. L'équipe soignante vous le ramènera alors régulièrement pour les tétées. Évidemment, vous vous reposerez beaucoup moins, mais c'est une option possible.

L'avis des parents

« Lors de la naissance de ma première fille, je ne pouvais pas envisager d'être séparée d'elle une minute. Je l'ai donc gardée avec moi toutes les nuits. J'ai le souvenir de nuits assez sereines à la maternité. Sûrement du fait de l'excitation de la naissance. J'étais tellement heureuse de voir mon bébé que cela ne me dérangeait pas d'être réveillée pour pouvoir m'occuper d'elle. La logistique est prise en charge. Être bien encadrée est rassurant. Mais contrecoup de la naissance : beaucoup de fatigue, très peu de sommeil les premières nuits et un gros baby-blues au bout de quelques jours. Lors de la naissance de ma seconde fille, j'ai pris sur moi et j'ai demandé à faire garder Juliette la première nuit à la maternité pour recharger un peu les batteries. Pas de baby-blues cette fois, sûrement aussi parce que c'était la deuxième et que j'avais déjà passé le chamboulement émotionnel de devenir mère. »
Valérie, maman d'Eva et Juliette

« J'ai laissé ma fille à la nursery de la maternité la troisième nuit. J'étais épuisée et envahie par ce fameux baby-blues. Cette déprime postnatale que je découvrais et que je ne comprenais pas. J'avais donc besoin de passer une nuit au calme. Sur les conseils des sages-femmes, j'avais accepté de me séparer de ma fille une partie de la nuit. Mais cette nuit-là, je m'en souviens encore aujourd'hui. Parmi tous les pleurs des nourrissons, j'arrivais à distinguer, de ma chambre, ceux de Margot. Je n'avais qu'une envie : aller la chercher et la réconforter. Mais je devais aussi reprendre des forces. J'ai lutté pour ne pas y aller et, épuisée, je suis parvenue à trouver quelques heures de sommeil. Cette nuit-là, les bébés étaient nombreux à la nursery et beaucoup étaient agités. Les puéricultrices ont séparé les

bébés car les pleurs des uns empêchaient les autres de dormir. En me réveillant, je suis allée retrouver Margot en toute hâte. Sauf qu'elle ne se trouvait pas à la nursery, là où je l'avais laissée ! Margot se trouvait dans une salle d'attente pour les familles, endormie dans son berceau entre deux distributeurs à café. En la voyant seule, je me suis dit que je l'avais abandonnée. J'étais aussi très déçue du personnel de l'avoir laissée là. Voilà pourquoi ce fut l'unique fois : je ne l'ai jamais refait pour mes garçons. »
Peggy, maman de Margot, Tristan et Alban

17 *Premières nuits à la maison : à quoi faut-il s'attendre ?*

Les premières nuits à la maison ressemblent à peu près aux premières nuits à la maternité (le soutien de l'équipe de puéricultrices et la possibilité de mettre votre bébé à la nursery en moins) ! En résumé, il va donc vous falloir patienter quelques semaines (voire quelques mois) avant que votre bébé se cale enfin sur le rythme jour/nuit. Et en plus, maintenant, vous allez devoir assurer seule (avec le papa). Attendez-vous donc à passer plusieurs nuits chaotiques ! Pour assurer au mieux et ne pas trop vous épuiser, voici quelques idées à retenir…

- **Faites-vous confiance !** Le retour à la maison est souvent un moment d'angoisse pour les jeunes parents qui craignent de ne pas y arriver tout seuls. Dites-vous que tous les parents, quels qu'ils soient, sont passés par là. Ils étaient aussi novices que vous, et ils s'en sont très bien sortis. Il n'y a donc pas de raison que vous n'assuriez pas vous aussi.
- Malgré ce que vous pensez, **vous n'êtes pas « toute seule »**. Certes, vous n'avez plus la possibilité d'appuyer sur un bouton

pour demander de l'aide à une auxiliaire de puéricultrice, mais le jeune papa est là. Ensemble, vous pouvez vous soutenir et vous lever à tour de rôle pour vous occuper de l'enfant. Certes, si la maman a choisi l'allaitement maternel, elle sera plus sollicitée, mais le papa peut aussi l'aider par exemple en allant chercher Bébé s'il dort dans une autre pièce, en se chargeant de le recoucher... Si vous nourrissez votre bébé au biberon, n'hésitez pas à établir des tours de garde afin que chacun puisse se reposer à tour de rôle. Si papa a une réunion importante au travail demain, c'est maman qui assure la nuit. Si maman n'a pas fermé l'œil la nuit précédente, c'est au tour de papa de se lever.

- **Reposez-vous à d'autres moments.** Si les nuits sont agitées, il vous faut trouver d'autres moments pour vous reposer. En journée, profitez des moments où il dort pour, vous aussi, piquer un petit somme. C'est indispensable pour récupérer.

1 BÉBÉ = 44 JOURS DE SOMMEIL EN MOINS POUR LES PARENTS LA PREMIÈRE ANNÉE !

Si l'on en croit les résultats d'un sondage mené en 2013 aux États-Unis, le temps de sommeil des jeunes parents la première année serait en moyenne de 5,1 heures par nuit. Cela équivaudrait à un total de 44 jours (on parle bien de journées de 24 heures !) de sommeil en moins. Soit à peu près une nuit sur trois de perdues !

Le conseil en + de la pédiatre

Devenir parent est un moment précieux plein de découvertes et de joies. Il est difficile mais extrêmement gratifiant d'apprendre à connaître les besoins de son nouveau-né et de pouvoir y répondre de la meilleure façon. Mais cela reste compliqué dans les premiers jours suivant la naissance, alors même que l'on est de plus en plus fatigué et que le bébé est tout naturellement éveillé et désire se nourrir la nuit ! Il faut savoir qu'il n'est pas seulement normal, mais essentiel pour le nouveau-né de s'alimenter la nuit, car sa croissance est très rapide les premières semaines et son estomac, de faible contenance, réclame fréquemment à manger. Il va donc falloir apprendre, jeunes mamans et papas, à se reposer pour pouvoir satisfaire les besoins de votre nouveau-né.

18 *Veilleuse, doudou, tétine... : c'est utile pour l'aider à dormir à cet âge ?*

Pour aider son nouveau-né à mieux dormir, on peut être tentés de lui donner un petit objet qui, dans notre esprit de parents, est censé de le rassurer, le calmer. Mais qu'en est-il vraiment ?

- **La veilleuse** est complètement inutile avant l'âge de 2 ou 3 ans. Les bébés n'ont en effet pas peur du noir. La peur n'apparaît que bien plus tard, quand l'enfant a la capacité d'imaginer ce qu'il ne voit pas dans le noir, notamment des choses effrayantes. Et c'est bien cela qui lui fait peur, pas autre chose. Il est donc préférable de ne pas l'habituer à dormir avec une petite lumière. La nuit doit être synonyme de noir complet : c'est aussi cela qui l'aidera à mieux prendre ses repères et à faire la différence entre le jour et la nuit (voir p. 73) ! Le seul intérêt de la veilleuse à cet âge, finalement, c'est d'éviter aux parents de se cogner dans les meubles. Elle peut en revanche être pratique si vous souhaitez allaiter votre bébé ou lui donner un biberon la nuit sans allumer une lumière trop forte (ce qui est recommandé pour favoriser son rendormissement... et le vôtre !).

- **Le doudou** est lui aussi inutile à cet âge. Votre enfant ne s'intéressera vraiment aux peluches qui l'entourent qu'à partir de 8-9 mois (voir aussi p. 157). En revanche, votre enfant appréciera de retrouver votre odeur sur son drap-housse, sa turbulette... N'hésitez pas à dormir avec ce linge pendant une ou deux nuits afin de lui transmettre votre odeur. Évitez en revanche de lui donner l'un de vos T-shirts ou un autre vêtement : votre bébé pourrait s'enrouler dedans. Un accident est si vite arrivé !
- **La tétine** est le seul objet vraiment efficace pour calmer un tout-petit car il est le seul à pouvoir satisfaire immédiatement son besoin de succion. Avant 3 mois en effet, un nourrisson est incapable de trouver son pouce tout seul. D'ailleurs, la plupart des mamans en prévoient une dans leur valise de maternité, et la donnent à leur nourrisson dès qu'il se met à pleurer. Mais entre pouce et tétine, le débat est toujours d'actualité (voir aussi p. 110) !

COMMENT BIEN CHOISIR SA TÉTINE ?

Au rayon des tétines, autrement appelées « sucette » ou « tototte », vous en trouverez de plusieurs types. On peut les distinguer en fonction de leur forme, de leur matière et de leur taille.

Les différentes formes :

- **Les tétines physiologiques** présentent un côté bombé et un côté aplati. La partie bombée est positionnée en haut, contre le palais (ce qui permettrait son bon développement), et la partie plate en bas, contre la langue (ce qui lui permet de mieux avaler). Elle permettrait également de réduire les risques de mauvais positionnement des dents dus à la succion.
- **Les tétines anatomiques** sont dotées d'un bout rond. Si vous allaitez votre bébé, c'est la forme à préférer car c'est celle qui ressemble le plus à un mamelon. Ainsi, votre bébé ne sera pas perdu en passant de l'une (la tétine) à l'autre (le sein). Vous pouvez la mettre dans la bouche de votre bébé dans n'importe quel sens.
- **Les tétines ovales** sont, comme les tétines rondes, « réversibles ». Elles peuvent être mises dans la bouche de Bébé dans n'importe quel sens.

Les différentes matières :

- **Les tétines en silicone** sont un peu plus fermes, mais elles durent plus longtemps.
- **Les tétines en caoutchouc** ont l'avantage d'être plus souples.

Les différentes tailles :

Choisissez toujours une tétine adaptée à l'âge de votre bébé, afin qu'elle ne soit pas trop grande par rapport à sa petite bouche,

et pour qu'il puisse bien respirer. Il existe différents modèles : naissance, 0-6 mois, + de 6 mois, + de 18 mois...
Dernier conseil : pensez à laver régulièrement la tétine de votre bébé à l'eau chaude savonneuse (et à bien la rincer). Vérifiez régulièrement son état en tirant dessus dans tous les sens. Changez-la régulièrement, au moins tous les deux ou trois mois.

19 *Combien d'heures un nourrisson dort-il par jour ?*

À la naissance, un nourrisson dort beaucoup, **en moyenne entre 16 et 17 heures par jour**. Mais ce n'est qu'une moyenne : certains gros dormeurs peuvent passer jusqu'à 20 heures dans les bras de Morphée, et d'autres « seulement » 14 heures. Il n'y a rien d'anormal dans cette différence, et cela n'a aucune conséquence sur le bon développement de votre bébé ou sur sa croissance. Cela ne présage non plus en rien de la qualité du sommeil de votre enfant plus tard !

Ce temps est particulièrement long et important car le sommeil assure plusieurs fonctions :

- C'est pendant cette phase de repos, et plus particulièrement durant le sommeil agité, que **le cerveau de votre bébé poursuit sa maturation**. En effet, à la naissance, le système nerveux d'un nourrisson n'est pas encore développé à son maximum. Toutes les fonctions sensorielles existent bien mais, *in utero*, les bébés reçoivent peu de stimulations. À la naissance, les différentes stimulations sensorielles se multiplient et le cerveau les « assimile » pendant la phase de sommeil agité durant laquelle les circuits nerveux se mettent en place et se développent. Au fur et à mesure que l'enfant grandit, la quantité de sommeil agité va diminuer, preuve que le cerveau parvient, petit à petit, à maturité.

- C'est aussi durant le sommeil, et plus précisément **pendant la phase de sommeil profond, que l'hormone de croissance (ou GH, *growth hormone*) est secrétée** par l'hypophyse, une glande située à la base du cerveau. Comme son nom l'indique, cette hormone est essentielle à la croissance des os. Mais elle favorise aussi la réparation des tissus.

20 *Pourquoi un bébé se réveille toutes les trois heures (et parfois beaucoup plus souvent) ?*

Il faut savoir que le sommeil d'un nouveau-né est bien différent de celui d'un adulte. Connaître ses caractéristiques est très important pour s'y adapter et ne pas perturber la mise en place progressive des rythmes de sommeil.

- Le sommeil de Bébé est morcelé en **périodes de deux, trois ou quatre heures maximum**, et cela jour et nuit puisqu'il n'a pas encore acquis l'alternance jour/nuit. Ces périodes s'inscrivent dans un cycle plus large que l'on appelle « rythme ultradien » (pour le différencier du rythme circadien de l'adulte, voir p. 19).
- **Les cycles de sommeil du nouveau-né sont plus courts**, en moyenne entre 50 et 60 minutes (contre 90 à 120 minutes chez l'adulte). À la fin de chaque cycle, le bébé peut se réveiller quelques secondes et regarder autour de lui. Si personne n'intervient, il se rendort naturellement. Mais il peut aussi enchaîner jusqu'à trois cycles avant de se réveiller réellement… et de pleurer.
- **Un nouveau-né s'endort en sommeil agité** (alors que l'adulte s'endort en sommeil lent). Résultat : quand vous le couchez, il bouge beaucoup, il fait de nombreuses mimiques, sa respiration est rapide… Contrairement aux apparences, il n'est pas en phase d'éveil mais bien de sommeil. C'est l'une des

caractéristiques majeures du sommeil des tout-petits, et il est très important de la connaître.

- **Le sommeil agité représente entre 50 et 60 % du temps de sommeil total**, alors qu'il est de 20 à 25 % chez l'adulte.
- Notez également que **le prématuré** conserve généralement, durant ses premières semaines de vie, **un certain retard** sur la maturation des rythmes veille-sommeil. Voir aussi p. 69.

Le conseil en + de la pédiatre

Les jeunes parents ignorent souvent que les nouveau-nés s'endorment en phase de sommeil agité. Leur bébé s'agitant beaucoup, ils ont tendance à croire qu'il est éveillé et a besoin d'être pris dans les bras pour se calmer, être rassuré... Or le bébé est bel et bien endormi ! En le prenant dans leurs bras pour le rassurer, ils cassent le rythme de sommeil spontané de leur enfant. La meilleure solution, c'est donc de laisser son bébé tranquille. Au bout de 20 minutes environ de sommeil agité, il passera à la phase suivante, celle d'un sommeil plus calme. Les cycles de sommeil s'enchaînant rapidement, il est normal qu'après 10 ou 20 minutes de calme, le bébé se remette en phase agitée. Encore une fois, inutile de le prendre dans les bras pour vouloir le calmer. C'est une succession de phases tout à fait normale !

0-2 mois

1er train

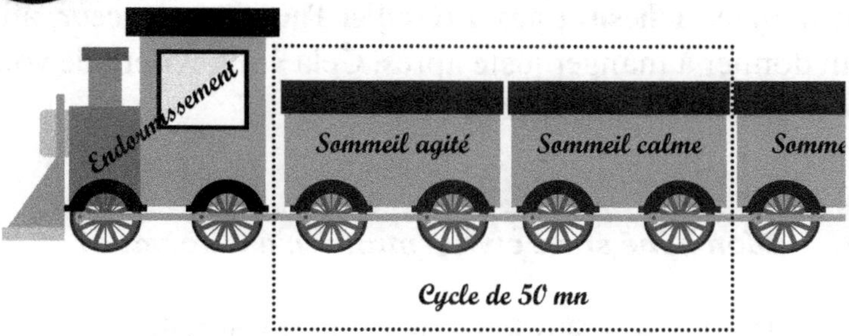

Les différentes phases d'un cycle de sommeil entre 0 et 2 mois

21 *Comment gérer les nuits avec des jumeaux ?*

Côté rythmes, sachez que ce n'est pas parce qu'ils sont jumeaux que vos bébés dormiront de la même façon : il n'est pas rare que l'un des deux fasse ses nuits avant l'autre. Et comme ils sont le plus souvent prématurés (voir aussi p. 69), cette étape se fait généralement un peu plus tard que chez les bébés nés à terme.

Les bons réflexes à adopter :

- **Couchez toujours vos deux bébés en même temps**, afin qu'ils adoptent le même rythme… et la même heure de lever. Ce n'est pas efficace à tous les coups, mais c'est la seule manière de faire. Si l'un d'eux a visiblement un peu plus de mal à s'endormir, couchez-le 5 à 10 minutes après, maximum.
- **Ne vous précipitez pas au premier pleur** de l'un de vos jumeaux en vous disant qu'il va réveiller l'autre. La plupart des nouveau-nés

semblent assez peu préoccupés par les cris de leur jumeau quand ils dorment.

- Les premiers mois, s'ils ne se réveillent pas en même temps pour manger, **n'hésitez pas à réveiller l'autre en douceur**, afin de lui donner à manger juste après. Cela vous évitera de vous relever à nouveau une demi-heure après.

22 *Mon bébé siffle en dormant : c'est normal ?*

Dès les premiers jours de vie, certains bébés émettent des sifflements très bruyants en dormant. C'est ce que l'on appelle le « stridor du nourrisson » ou « stridor congénital ». Rassurez-vous : **c'est un phénomène courant et banal dans la majorité des cas**. Le sifflement apparaît à l'inspiration et est lié à la structure un peu trop molle du larynx (laryngomalacie). Ce problème est souvent impressionnant pour les parents car le bruit est vraiment intense. Mais il est passager, et disparaît généralement entre 6 mois et 2 ans. N'hésitez pas, cependant, à en parler avec votre pédiatre pour confirmer ce diagnostic. Le stridor s'accompagne souvent d'un reflux gastro-œsophagien : votre pédiatre vous indiquera les bons réflexes à adopter et éventuellement le traitement à donner.

En revanche, **si votre bébé n'avait jamais sifflé et qu'il se met à le faire après l'âge de 1 mois, il faut consulter**. Le stridor, dans ce cas, peut être lié à une insuffisance respiratoire ou bien à une malformation. Ne le confondez pas avec les ronflements (voir aussi p. 92), qui sont courants lorsque bébé est enrhumé, par exemple.

23 *L'écoute-bébé : une bonne idée... ou pas ?*

L'écoute-bébé ou baby-phone permet d'écouter son bébé à distance quand il dort. Et même de le surveiller du coin de l'œil en permanence car certains modèles sont également équipés d'un système vidéo. Cet outil séduit avant tout les jeunes parents stressés à l'idée de laisser leur tout-petit dans une autre pièce sans une surveillance permanente. Alors utile ou pas le baby-phone ? À vous d'en décider en lisant nos différents arguments pour et contre !

Les pour :

- Il permet de surveiller à distance son bébé, de contrôler qu'il va bien, et donc de rester zen.
- Si vous êtes du genre très angoissé, il évite de rentrer toutes les 5 minutes dans la chambre de Bébé, et de risquer de le réveiller !
- Il peut être utile si vous habitez dans une grande maison, où la chambre de Bébé est très éloignée du lieu de vie ou de la chambre parentale. Utile aussi si vous allez souvent chez des proches qui ont ce type de maison. Ou bien si vous avez un jardin et que vous voulez en profiter pendant que votre bébé fait la sieste.

Les contre :

- Un bébé qui dort fait souvent beaucoup de bruit. Si votre baby-phone est branché en permanence la nuit, vous risquez de ne pas beaucoup dormir !
- Dans de nombreux appartements ou maisons, il ne sert à rien. Les pleurs d'un bébé s'entendent généralement de très loin.

LE BABY-PHONE, DANGEREUX POUR LA SANTÉ DE BÉBÉ ?

Les ondes électromagnétiques émises par les baby-phones sont suspectées d'être néfastes pour la santé de Bébé. Aucune étude scientifique ne l'a encore démontré de manière claire, mais mieux vaut adopter le principe de précaution. Surtout quand on sait que le cerveau d'un bébé est particulièrement sensible aux ondes et en absorbe jusqu'à 60 % de plus que celui d'un adulte.

À retenir :

- Placez toujours le baby-phone à 1 mètre au moins de la tête de Bébé (et non pas tout près de sa tête comme on le fait souvent).
- Choisissez bien votre baby-phone : optez de préférence pour un modèle analogique basse fréquence de 900 MHz maximum.
- Préférez également les baby-phones utilisant la technologie Vox ou de déclenchement à la voix (ils se mettent en marche uniquement lorsqu'ils détectent un bruit).
- Pensez à l'éteindre quand vous n'en avez pas besoin.

PARTIE 2

3 semaines à 9 mois : la mise en place du sommeil

Pendant cette période clé, le sommeil de votre bébé continue de se structurer : il est de plus en plus rythmé et régulier. Petit à petit, votre enfant va également commencer à faire ses nuits : ce sera même l'une de vos préoccupations majeures. Bonne nouvelle : vous pourrez l'y aider grâce à quelques réflexes simples.

1

Le sommeil, une question de rythmes

Réduction du temps de sommeil total, allongement des phases de sommeil, apprentissage de l'alternance jour-nuit..., le sommeil de votre bébé subit quelques évolutions majeures pendant cette période.

24 *Comment évolue le sommeil de Bébé entre 3 semaines et 9 mois ?*

Le nouveau-né dort beaucoup : aux alentours de 16-17 heures à la naissance (voir aussi p. 52). Ce temps de sommeil (qui comprend le sommeil nocturne et le sommeil diurne) va diminuer progressivement au cours des prochains mois.

- Vers 1 mois : 16 heures au total (jour + nuit)
- Vers 6 mois : 14-15 heures au total (jour + nuit)
- Vers 1 an : 13-14 heures au total (jour + nuit)

À partir d'un mois environ, l'alternance du jour et de la nuit, la régularité des repas, celle des moments de jeu, des promenades ou des échanges avec l'entourage ainsi que les horaires stables de coucher vont aider le nourrisson dans l'installation et la synchronisation de tous ses rythmes. La qualité des nuits d'un bébé s'améliore au fur et à mesure que sa maturation cérébrale organise mieux sa propre horloge intérieure.

25 *Tous les bébés sont-ils égaux face au sommeil ?*

Les humains, et *a fortiori* les bébés, ne sont pas tous égaux face à la durée de sommeil. Il existe une très grande variabilité entre les bébés, qui est d'autant plus importante que l'enfant est plus jeune : la différence peut atteindre plusieurs heures sur une seule journée (voir encadré page suivante) ! Cette notion est très importante à comprendre car elle peut **rassurer facilement les parents qui s'inquiètent de ce que leur enfant « ne dort pas »** ou « beaucoup moins » que son cousin ou que le bébé de leurs amis. Dès 6 mois en effet, les composantes génétiques du sommeil vont déterminer les gros et les petits dormeurs. La tendance à dormir plus ou moins, à être du soir ou du matin, dépend de plusieurs facteurs. Elle est en partie héréditaire, mais elle est aussi fortement influencée par l'environnement et l'éducation.

Chaque enfant est unique et, dans une même fratrie, on reconnaît vite les petits et les gros dormeurs. Si certains parents n'ont jamais à se préoccuper du sommeil de leur nourrisson, d'autres (ils sont une majorité !) devront longtemps se réveiller la nuit et intervenir dans le rythme de leur bébé afin de lui « apprendre » à dormir.

JUSQU'À 5 HEURES DE SOMMEIL DE DIFFÉRENCE PAR JOUR !

Ce que l'on sait d'après les études longitudinales* réalisées chez des enfants sains, c'est que la variabilité du sommeil peut atteindre 2 heures et demie pour un écart type chez le nourrisson de 6 mois. Autrement dit : chez deux bébés de 6 mois dont le sommeil est considéré comme normal, l'un peut dormir entre 2 et 5 heures de plus que l'autre ! Ceci ne sera plus aussi vrai chez le grand enfant. Cette variabilité n'est plus que de 1 heure en moyenne chez l'adolescent. À noter : cette variabilité des temps de sommeil est plus importante pour le sommeil diurne.

26 *Pourquoi s'agite-t-il tout à coup alors qu'il était profondément endormi ?*

Comme on l'a vu page 53, **le nouveau-né s'endort en sommeil agité**, précurseur du sommeil paradoxal ou sommeil des rêves. Malgré l'apparente agitation du visage (des yeux qui bougent rapidement sous les paupières, ou même des pleurs), il s'agit d'un authentique moment de sommeil indispensable au bébé et qui doit être respecté. Le sommeil agité est l'équivalent du sommeil paradoxal chez l'enfant un peu plus grand ou chez l'adulte : celui-ci apparaît sous sa forme définitive vers l'âge de 3 mois. Le sommeil agité du tout-petit se différencie du sommeil paradoxal de l'enfant et de l'adulte par la présence fréquente de mouvements corporels. Son tonus est en revanche très bas (ses

* I. Iglowstein et *al.*, *"Sleep duration from infancy to adolescence: reference values and generational trends"*, *Pediatrics*, 2003.

bras pendent), seuls ses yeux sont actifs (mouvements oculaires rapides ou REM, *rapid eye movement*) et le visage exprime de nombreuses mimiques (sourire et joie, peur, dégoût, tristesse ou colère) et notamment le fameux « sourire aux anges ». Toutes les émotions primaires du petit homme sont présentes pendant ce sommeil agité. Ce sommeil est beaucoup moins stable que le sommeil calme et dure entre 10 et 45 minutes (en moyenne 25 minutes chez le nouveau-né).

Le sommeil agité est suivi par une phase de sommeil calme. Le bébé est immobile, il ne présente aucun mouvement mais son tonus musculaire est important : il dort bras et jambes fléchis, il n'a aucune mimique sauf quelques mouvements automatiques de succion. Ses yeux sont fermés et ne bougent pas. Sa respiration est ample et lente, son cœur bat calmement. Ce sommeil très stable dure en moyenne 20 minutes chez le nouveau-né et ne s'accompagne d'aucun réveil. Il est suivi par une nouvelle phase de sommeil agité : voilà pourquoi on a l'impression, quand on regarde son bébé dormir, qu'il s'agite et se réveille (alors qu'en réalité, il est toujours en train de dormir).

LE NOUVEAU-NÉ : 5 ÉTATS DE VIGILANCE

Les états de vigilance du nouveau-né à terme sont classés en 5 stades qui vont du sommeil calme (stade 1) à la vigilance maximale avec pleurs appelée veille agitée (stade 5).

- Les stades de sommeil sont individualisés en **sommeil calme (stade 1)** et **sommeil agité (stade 2)**, coexistant avec des phases de sommeil indéterminé où l'on ne sait pas reconnaître si le bébé dort en sommeil calme ou agité. Ce sommeil de transition représente jusqu'à 10 % du sommeil du nouveau-né à terme.

- L'état de **veille calme (stade 3)** est la phase où le bébé est le plus tranquille. Il sourit, regarde autour de lui, bouge peu. Les premiers jours, cette phase ne dure que 3 à 5 minutes en moyenne et se répète deux à trois fois sur une durée de 24 heures. Le nouveau-né se fatigue en effet très vite. Puis cette phase s'allonge. Elle peut atteindre 30 minutes vers 1 mois, 2 heures de suite vers 3 mois…
- Les états de **veille agitée sans pleurs (stade 4)** ou **avec pleurs (stade 5)** sont marqués par un repli du bébé sur lui-même. Il est moins attentif à son environnement. Sa respiration est irrégulière et sa fréquence cardiaque rapide. Il gémit, s'agite, pleure, paraît inconsolable. Au fil des mois, ces phases se réduisent pour laisser place à la veille calme, jusqu'à disparaître presque totalement chez certains bébés dès l'âge de 3 mois. Mais tout dépend des enfants !

REGARDER UN NOUVEAU-NÉ DORMIR…

Lorsqu'on regarde un nouveau-né dormir, on est frappé par le contraste des différentes phases de sommeil : le bébé termine sa tétée, son regard plafonne, les yeux partent en haut et sur le côté, ses paupières se ferment et il devient tout mou, son visage endormi peut s'éclairer subitement d'un sourire aux anges. Il est profondément immobile mais ses yeux s'agitent derrière ses paupières fermées et peuvent même s'ouvrir par moments sans pour autant que son regard se fixe ou entre en contact avec quelque chose ou quelqu'un. Il ébauche quelques mouvements de succion et des mimiques. Puis il se détend complètement, les bras pendants, les mains ouvertes et les doigts détendus. Peu de temps après, le bébé respire plus vite, il se replie sur lui-même et paraît avoir des coliques qui le font souffrir, il peut pleurer et grogner. Il garde les paupières closes et on voit ses yeux bouger rapidement sous les paupières. Puis, comme si rien ne s'était passé, le bébé redevient calme, se détend, relâche ses doigts et sourit aux anges de nouveau. La respiration se fait plus lente, le bébé est moins relâché, les poings serrés, les bras et jambes en flexion. Son visage est immobile et sans expression. Ses yeux ne bougent pas. Il dort profondément.

27 *Comment savoir s'il dort ou s'il est vraiment réveillé ?*

On vient de le voir : quand Bébé dort, il peut, lors de certaines phases de sommeil, bouger dans tous les sens, grogner, faire des mimiques ou même s'éveiller quelques secondes. Alors comment savoir s'il dort en sommeil agité ou s'il est vraiment réveillé ? C'est un casse-tête pour les tout nouveaux parents qui ont encore du mal à décrypter les états de vigilance de leur bébé ! L'erreur classique consiste à interpréter ces signes comme de la détresse nécessitant un réconfort actif. Nombreux sont les jeunes parents qui se hâtent de prendre leur nouveau-né dans les bras et, du coup, le réveillent… alors qu'il est en plein sommeil. Répétons-le, ce sommeil agité est indispensable à l'équilibre psychique du bébé et doit être respecté. Cette phase de sommeil joue un rôle majeur dans l'organisation du sommeil tout entier et dans la construction cérébrale de votre bébé pendant ses premières années de vie.

Les bons réflexes à prendre :

- **N'intervenez pas tout de suite** quand votre bébé s'agite, grogne ou même ouvre les yeux. Il y a de grandes chances pour qu'il soit en phase de sommeil agité. Patientez quelques secondes et voyez ce qui se passe : votre bébé va sûrement s'apaiser et passer en phase de sommeil calme. Ne cassez pas son rythme.

- **Observez votre bébé** pendant son sommeil (voir encadré p. 65) : vous comprendrez rapidement comment s'organise son sommeil.
- **Les signes d'éveil** sont bien différents de ceux que votre bébé manifeste pendant le sommeil agité : il est calme, il a les yeux bien ouverts, il regarde autour de lui, il cherche à communiquer, il réclame (bruyamment) à manger ? C'est bien le signe qu'il est réveillé.

À RETENIR !

- Chez le nouveau-né à terme, le sommeil agité représente 50 à 60 % du temps de sommeil.
- À 3 mois, cela représente 35 % du sommeil total.
- À 9 mois, cela représente 20 à 25 % du sommeil total, soit un pourcentage comparable à celui constaté chez l'adulte.

28 *Pourquoi mon bébé sourit-il pendant son sommeil ?*

Si vous observez votre bébé pendant son sommeil, vous pouvez remarquer que ses mimiques sont nombreuses. Parfois même, il sourit. Rien de plus magique et de plus gratifiant pour de jeunes parents qui se disent alors que leur bébé est heureux, qu'il se sent bien et qu'ils s'occupent bien de lui ! En réalité, ce **fameux « sourire aux anges » est un sourire réflexe**, qui n'est adressé à personne en particulier et qui se déclenche sans aucune stimulation extérieure ! Tous les bébés en feraient à peu près le même nombre au cours de leur sommeil.

Quelques études* ont été menées dans les années 1960 et 1970 sur ce sourire néonatal et les autres mimiques faciales observées pendant le sommeil de Bébé. Elles démontrent notamment que **ce sourire est identique au futur « sourire social »** :

- Sa durée est la même : entre 1 et 5 secondes.
- Il met en jeu les mêmes muscles.
- Les sourires « sur le côté » se font majoritairement du côté gauche, comme chez l'adulte !
- En revanche, contrairement à l'adulte, le sourire néonatal semble bien être un sourire réflexe. Il n'est associé à aucune modification de la fréquence cardiaque ou respiratoire et ne semble pas lié à des facteurs extérieurs (stimulations maternelles différentes, horaires ou durées des tétées ou des biberons…).

Tout cela amène les chercheurs à dire que ce sourire réflexe serait **un simple entraînement à la communication**. D'ailleurs, quand le bébé est capable d'adresser de vrais sourires à son entourage, ces sourires aux anges disparaissent…

---

* H. Roffwarg, J. N. Muzio, W. C. Dement, "*Ontogenetic development of human sleep-dream cycle*", *Science*, 1966.
M. Jouvet, J.-F. Delorme, "*Locus Coeruleus* et sommeil paradoxal", Comptes rendus de l'Académie des sciences, 1965.
M. Nystrom, "*Neonatal faclal postural patterning during sleep*", *Psychological Bulletin*, University of Lund, 1974, 1975, 1977.

29 *Les prématurés ont-ils des rythmes de sommeil différents ?*

Le sommeil des bébés prématurés a commencé à être étudié dans les années 1950. De nombreuses études sur les stades de vigilance des grands prématurés ont pu être menées grâce aux tracés électroencéphalographiques (EEG). Ceux-ci sont réalisés de manière systématique sur les bébés nés prématurément, non seulement pour dépister d'éventuelles anomalies neurologiques, mais surtout pour évaluer de manière très précise, à une semaine près, l'âge gestationnel du bébé. Ces données, associées à l'observation clinique du prématuré dans sa couveuse (mimiques, grognements, mouvements), ont permis de constater que le développement du sommeil et de l'activité électrique du cerveau ne dépend pas de l'âge de l'enfant ou de son poids. Mais uniquement de son âge « conceptionnel ». **Ainsi, un prématuré né à 28 semaines de gestation (6 mois) aura un sommeil comparable à celui d'un nouveau-né à terme quand il aura 3 mois.** Le sommeil du prématuré se structure comme s'il était resté in utero et il n'est que très peu influencé par sa naissance.

Imaginons le cas d'un grand prématuré né à 24 semaines de gestation (soit 5 mois).

- **À la naissance**, il est en état de dormance. Il alterne des phases de mouvements brusques et de sursauts avec des phases d'immobilité.
- **Vers 1 mois**, les premières périodes de sommeil agité apparaissent. On le constate cliniquement par les mouvements oculaires rapides et une activité cérébrale plus continue sur les enregistrements.
- **Vers 2 mois ou 2 mois et demi**, le bébé alterne des phases de sommeil calme et de sommeil agité sur des cycles de sommeil et d'éveil qui durent environ 50 à 60 minutes. On distingue

trois états de vigilance à ce stade de développement : la veille agitée, le sommeil agité et le sommeil calme.

- **Vers 3 mois**, le bébé a parfois les yeux ouverts. Il commence à se montrer attentif à son environnement et à vouloir nouer des contacts avec son entourage : c'est l'apparition de la veille calme. Il dort encore les trois quarts du temps. Il passe 55 à 65 % de son temps de sommeil en sommeil agité.

30 *Combien de siestes doit-il faire par jour ?*

Le sommeil diurne est une spécificité du petit enfant. Les siestes sont indispensables à son développement (voir encadré ci-après). Leur nombre et leur répartition vont se modifier en fonction de l'âge.

- **Les premiers mois**, elles sont nombreuses puisque le sommeil du nouveau-né s'organise selon un rythme ultradien : l'enfant dort toutes les 4 heures environ, indépendamment le jour et la nuit. Résultat : il s'endort bien souvent après chaque tétée ou biberon.
- Petit à petit, ce rythme ultradien va être remplacé par un cycle circadien de 24 heures. **Le sommeil nocturne augmente aux dépens du sommeil diurne**, qui diminue progressivement tout au long des deux premières années de vie.
- **Vers 6 mois**, le nourrisson fait, en général, trois siestes : une le matin, une en début d'après-midi et une en fin d'après-midi.
- **Entre 9 et 12 mois**, la sieste de la fin d'après-midi disparaît.
- **Entre 12 et 18 mois** en moyenne, la sieste du matin disparaît.

Mais sachez que l'organisation des siestes et leur durée sont extrêmement variables d'un enfant à l'autre. Comme pour le sommeil nocturne, chaque enfant est unique ! On reconnaîtra les petits dormeurs parmi les enfants qui dorment peu le jour. Il faut aussi savoir que les siestes sont là pour réguler les besoins de sommeil sur la journée entière : elles pourront donc varier d'un jour sur l'autre. Si votre enfant a mal dormi pendant la nuit, il est probable que sa sieste sera plus longue.

FAIRE LA SIESTE PERMET DE MIEUX APPRENDRE

Des chercheurs britanniques et allemands ont récemment montré que la sieste permet de mieux mémoriser les apprentissages effectués dans la journée*. Ils ont pour cela suivi quelque 200 bébés âgés de 6 à 12 mois. Le jour de l'expérience, ils ont leur ont montré trois nouveaux gestes. Dans les quatre heures qui ont suivi, la moitié des bébés ont fait une sieste d'au moins 30 minutes, et l'autre moitié a dormi moins de 30 minutes ou pas du tout.

Le lendemain, les chercheurs ont voulu savoir si les bébés avaient retenu ce qu'ils avaient appris la veille, et les ont incités à refaire l'un des trois nouveaux gestes. Résultat : seuls les bébés qui avaient fait une sieste d'au moins 30 minutes ont réussi l'exercice !

* S. Seehagen, C. Konrad, J. S. Herbert, S. Schneider, *"Timely sleep facilitates declarative memory consolidation in infants"*, Proceedings of the National Academy of Sciences, 2014.

Le conseil en + de la pédiatre

Votre enfant s'est endormi dans son transat alors que vous étiez sur le point de vous mettre à table, ou pour sa sieste de fin de journée ? Ce n'est pas un problème : vous n'êtes pas obligé de l'emmener dans son lit (vous risqueriez de le réveiller), et votre bébé peut parfaitement y dormir en toute sécurité. Mais attention, cela doit être réservé à la sieste (le transat n'est pas fait pour être utilisé sur plusieurs heures d'affilée), et ne doit pas devenir le mode d'endormissement régulier de votre bébé.

31 *Mon bébé de 3 mois dort peu pendant la journée : cela veut-il dire qu'il est hyperactif ?*

À 3 mois, un bébé est en plein apprentissage du rythme circadien (voir p. 19). Il peut commencer à faire des nuits complètes de 8 heures, voire un peu plus. **Durant cette période charnière, il est donc fréquent que le bébé dorme moins, voire très peu, dans la journée**, comme s'il devait accumuler de la fatigue pour faire des nuits complètes. Ne vous inquiétez pas : c'est un phénomène tout à fait normal. Cela ne veut pas dire que votre bébé est hyperactif ou qu'il ne fera plus jamais de vraies siestes. Vers 5 ou 6 mois, tout rentre généralement dans l'ordre et le bébé reprend un rythme plus régulier, avec une réapparition des siestes.

Le conseil en + de la pédiatre

Un bébé a aussi besoin de calme, de sérénité et de repères pour bien dormir. La journée (comme la nuit), il est important de respecter des horaires, de le mettre à la sieste tous les jours à peu près au même moment, de favoriser une atmosphère calme, de ne pas être tout le temps en balade… Essayez de lui donner un peu plus de stabilité pendant quelques jours afin qu'il prenne ses marques, et un bon rythme de sommeil.

32 *Comment faire s'il confond le jour et la nuit ?*

Beaucoup de nouveau-nés et de petits nourrissons semblent confondre le jour et la nuit. Selon leurs parents, ils « dorment le jour » et « font la java la nuit ». En réalité, ce n'est pas vrai car, dès la naissance et même s'il a un rythme ultradien qui ne lui permet de dormir que quelques heures d'affilée, le bébé dort un peu plus la nuit que le jour. La plupart des nourrissons vont réussir à synchroniser leur horloge biologique interne tout seuls, sur un rythme circadien de 24 heures, et mettre en place des cycles veille/sommeil réguliers dès 6 semaines. Mais certains auront besoin d'un peu d'aide.

Pour aider son bébé à différencier le jour de la nuit, il faut s'appuyer sur les « synchroniseurs externes » ou « donneurs de temps », qui sont tous les repères temporels du quotidien. Ils vont permettre à l'enfant d'organiser rapidement ses rythmes fondamentaux, d'allonger ses périodes de veille diurne et de réussir à dormir plus longtemps la nuit.

- Dès les premières semaines de vie, il faut bien **marquer la différence entre les tétées de jour et les tétées de nuit**. La journée, la pièce est éclairée et les bruits bien perçus (inutile de faire attention « parce que Bébé dort »). En revanche, la nuit (et cela dès les premières nuits), il est important de tamiser la lumière, de parler à voix basse en évitant de trop solliciter le bébé. Cela sera d'autant plus facile que le bébé sera proche du lit des parents.
- Lorsque le nourrisson grandit un peu, **les synchroniseurs externes sont les différentes activités qui rythment la journée** : les repas à heures de plus en plus fixes, le bain, les promenades et les jeux, qui doivent se dérouler tous les jours à peu près selon le même emploi du temps.
- **L'heure du lever est essentielle** car elle donne le départ de la journée. Il faut qu'elle soit bien marquée avec la lumière du jour. Elle peut être précoce, quitte à ce que le nourrisson fasse une sieste très tôt dans la matinée.
- **L'heure du coucher doit aussi être régulière**, en veillant à ce que l'enfant s'endorme seul dans son lit.

33 *Que faire s'il se met à hurler le soir au moment du coucher ?*

Le nouveau-né et le petit nourrisson s'endorment régulièrement en sommeil agité. Certains bébés ont besoin de pleurer pour s'endormir : il faut vous habituer et ne pas stresser. **Dans tous les cas, il faut pouvoir calmer le jeune nourrisson qui refuse la séparation du soir et mettre en place un rituel de coucher.** Pour cela, il faut que le parent veuille réellement que son bébé apprenne à s'apaiser seul. Ce n'est pas là la plus simple des conditions car, souvent, les troubles de l'endormissement font irruption chez des bébés dont les parents travaillent et se sentent coupables de laisser leur enfant seul dans la journée à la garde d'une tierce personne. Le soir venu, ils estiment leur présence indispensable auprès de leur enfant et ne le sentent pas capable de s'apaiser seul. Le nourrisson doit être capable d'allonger ses périodes de sommeil et de mettre en place des schémas d'autoapaisement. Ces conditions sont présentes en général vers 4 mois et le bébé peut, à cet âge, dormir 8 heures d'affilée. Il est temps pour lui, s'il continue de pleurer avant le coucher, de ritualiser le coucher. Nous reviendrons sur cette notion importante du rituel du coucher dans la suite de cet ouvrage (voir p. 153).

Le conseil en + de la pédiatre

Chez le tout-petit, le rituel du coucher est un schéma clair et identifiable par le bébé, qui se répète chaque soir. Il va servir pendant toute la petite enfance et venir étayer dans un premier temps la régularité des rythmes veille-sommeil tout juste acquis par Bébé. Il s'agit chez le tout-petit de le nourrir (au sein ou au biberon) en le prenant dans les bras. Puis de le bercer et le calmer, en chantonnant par exemple, et ensuite de le placer encore éveillé dans son berceau. Il faut qu'il soit encore éveillé pour apprendre à s'endormir tout seul. On peut rester à côté du berceau pendant quelques minutes en lui parlant doucement et en le caressant. Rapidement, on peut trouver un lange ou une peluche qui aura son odeur, ou encore lui apprendre à prendre son pouce pour s'autoréconforter. En résistant à la tentation de le prendre dans les bras, on l'encourage à utiliser des mécanismes d'autoréconfort qui vont lui servir toute son enfance !

34 *Comment savoir si mon bébé est en manque de sommeil ?*

« À quoi sert le sommeil ? », « Y a-t-il un risque si mon bébé ne dort pas assez ? » : ce sont des questions qui reviennent fréquemment en consultation de pédiatrie chez des jeunes parents soucieux du bon développement de leur enfant. On sait aujourd'hui que le sommeil paradoxal (agité), qui est prépondérant chez le très jeune nourrisson, est important pour le développement de ses cellules nerveuses cérébrales. Si celui-ci dort autant les premières semaines suivant sa naissance, c'est parce que son système nerveux est en pleine maturation ! Le sommeil est également indispensable à la croissance physique de l'enfant. En effet, c'est durant les premiers cycles de sommeil profond qu'il sécrète l'hormone de croissance, indispensable pour grandir.

Vous pensez que votre bébé ne dort pas assez ? Il existe des signes relativement simples pour reconnaître si un bébé est en manque de sommeil. Il suffit de l'observer ! Cela devrait rassurer facilement les parents qui se posent ce type de questions.

- Un manque de sommeil se manifeste généralement par un comportement anormalement hyperactif, irritable, avec des pleurs fréquents inexpliqués.
- En revanche, un bébé qui est calme, souriant, émotionnellement stable et indépendant dort très probablement suffisamment… même si vous trouvez que son temps de sommeil est très court.

Le conseil en + de la pédiatre

L'évaluation des besoins de sommeil propres à l'enfant est essentielle car comme on l'a déjà vu, il existe, dès les premières semaines de vie, des petits et des gros dormeurs. Les parents connaissent souvent la courbe de croissance de leur enfant sur le bout des doigts, mais prêtent rarement suffisamment d'attention à son rythme activité-repos. Il faut observer ces rythmes : connaître l'heure de son éveil naturel (fonction de son horloge biologique interne), l'heure de son pic d'activité et d'éveil dans la journée, ses phases de somnolence... Tout cela va vous permettre de déterminer facilement, d'après son comportement, si votre nourrisson manque ou non de sommeil. À l'âge de 9 mois, lorsque leur rythme veille-sommeil est bien installé, beaucoup de bébés passent plus de temps dans leur berceau qu'ils n'en ont objectivement besoin. Il n'est pas rare d'entendre un bébé tranquillement éveillé tôt le matin, gazouiller dans son lit en attendant le réveil de ses parents...

LE MANQUE DE SOMMEIL À L'ORIGINE DES TROUBLES DU COMPORTEMENT ?

Une étude norvégienne* a montré que les enfants qui dorment peu ou qui ont un sommeil de mauvaise qualité ont plus de risques de souffrir de troubles du comportement dès l'âge de 5 ans. Ils ont suivi plus de 32 000 enfants pendant plusieurs années et ont montré que les enfants qui, à 18 mois, dormaient moins de 10 heures par nuit ou se réveillaient plusieurs fois, avaient plus de difficultés que les autres à gérer leurs émotions vers l'âge de 5 ans. Autre constat : ils étaient aussi plus nombreux à souffrir de troubles de l'attention et à manifester de l'agressivité envers les autres. Mais attention, comme le soulignent les chercheurs, d'autres facteurs entrent également en ligne de compte, notamment le rôle des parents, le tempérament de l'enfant ou encore son environnement social.

* B. Sivertsen, A. G. Harvey, T. Reichborn-Kjennerud, L. Torgense, E. Ystrom, M. Hysing, *"Later emotional and behavioral problems associated with sleep problems in toddlers: a longitudinal study"*, *JAMA Pediatrics*, 2015.

2

Les clés pour l'aider à faire ses nuits

Quand mon enfant va-t-il faire ses nuits ? Est-ce normal que le fils du voisin, qui a le même âge, les fasse déjà, et pas le nôtre ? Ce sont sûrement les questions qui vous taraudent le plus pendant cette période. Voici quelques éléments de réponse pour vous rassurer et vous aider à adopter les bons réflexes.

35 *À quel âge les bébés font-ils leurs nuits ?*

C'est la grande question qui agite tous les jeunes parents : à quel âge va-t-il enfin faire ses nuits (sous-entendu : à partir de quand allons-nous pouvoir, nous aussi, recommencer à pouvoir dormir normalement ?). Sachez que, au moins les trois premiers mois, cela dépend très peu de ce que vous ferez ou de ce que vous ne ferez pas. La mise en place des rythmes circadiens, et donc de l'alternance veille-sommeil, est un processus avant tout inné, physiologique, régulé par l'horloge interne. Laissez donc du temps au temps et prenez votre mal en patience ! Même si votre bébé ne fait pas encore ses nuits comme vous voudriez qu'il les fasse, il réalise de nombreux progrès. Soyez-y attentifs : vous remarquerez que vous êtes sur la bonne voie.

À noter également : il est généralement admis qu'un bébé fait ses nuits quand il dort sans se réveiller entre minuit et 6 heures. Mais chacun a sa propre définition de « faire ses nuits ». Pour certains parents, le fait que Bébé dorme six heures d'affilée suffit. Pour d'autres, il faut au moins 10 heures. Tout dépend en réalité du rythme de vie de chacun, et du nombre d'heures dont on a soi-même besoin la nuit !

À la fin du premier mois de vie, le rythme jour/nuit se met progressivement en place. En pratique, cela se traduit par des phases de sommeil de plus en plus longues : les bébés de cet âge peuvent dormir jusqu'à six heures d'affilée. Cela signifie par exemple qu'après un dernier biberon ou une dernière tétée à minuit, votre bébé peut dormir jusqu'à 6 heures du matin. C'est déjà un grand progrès ! Vous constaterez aussi que ce sommeil se fait plus calme et plus profond. Et que, pendant la journée, ses plages d'éveil s'allongent, elles aussi. Les échanges avec son environnement et ses parents sont plus nombreux.

À partir de 3 ou 4 mois environ (ou même avant pour certains), un bébé est en capacité de « faire ses nuits ». En clair, la nuit, il peut dormir jusqu'à 8 heures de suite sans se réveiller. Il ne s'endort plus en sommeil agité, mais en sommeil calme. Le sommeil agité diminue et ne représente plus que 35 % du temps de sommeil total (contre 50 % à la naissance). Les rythmes circadiens, qui jouent un rôle dans l'installation du rythme veille-sommeil, se mettent en place : température corporelle, mélatonine… Votre bébé commence maintenant à bien faire la différence entre le jour et la nuit.

À 6 mois environ, le rythme de sommeil est normalement acquis et un bébé devrait pouvoir faire ses nuits. À cet âge, il dort en moyenne entre 10 et 12 heures par nuit. Ses cycles de sommeil durent entre 90 et 120 minutes. Il sait parfaitement faire la différence entre le jour et la nuit. Mais cela ne veut pas dire qu'il en a définitivement fini avec les nuits agitées ! Poussées dentaires, rhumes, angoisses du huitième mois… autant de facteurs qui peuvent encore perturber ses nuits (et les vôtres).

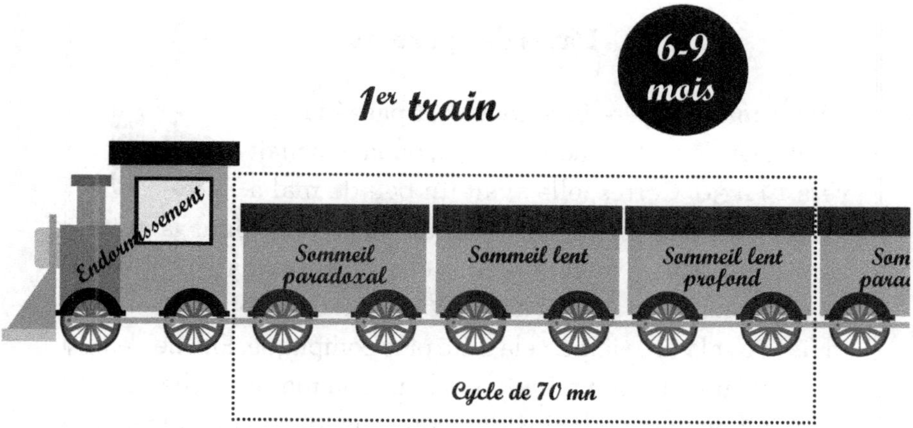

Les différentes phases d'un cycle de sommeil entre 6 et 9 mois

LES BÉBÉS FRANÇAIS : DES MODÈLES À SUIVRE ?

Selon une étude récente menée par Pampers*, 59 % des bébés français font leurs nuits avant l'âge de 5 mois. Ils ne seraient que 41 % au Royaume-Uni et 35 % en Allemagne. En France, l'âge moyen des bébés qui commencent à faire leurs nuits est de 5,3 mois, contre 6,9 mois au Royaume-Uni et 8,3 mois en Allemagne. L'étude nous apprend aussi que l'un des principaux facteurs qui peuvent venir perturber les nuits d'un bébé est les poussées dentaires (23 % des mamans françaises interrogées), suivi par une couche mouillée (15 %) et la faim (14 %).

L'avis des parents

« Pour ma première fille, tout s'est passé facilement. Dès l'âge de 1 mois et demi, on la couchait vers 19 h 30. Certes, elle avait un peu de mal à s'endormir mais elle ne se réveillait qu'une fois dans la nuit, vers 2 ou 3 heures du matin. Puis elle se rendormait jusqu'à 7 ou 8 heures. Elle a fait ses nuits à 2 mois et demi, et on en était ravis ! Pour la deuxième, cela a été plus compliqué. Elle ne s'endormait jamais avant minuit ou 1 heure du matin, et elle nous réveillait ensuite au moins deux ou trois fois. Vers 3 mois et demi, elle a enfin commencé à dormir un peu plus longtemps, et elle a fait ses nuits un mois plus tard. Nous avons trouvé cela assez long, mais avec du recul, je pense que nous avons eu de la chance par rapport à d'autres parents ! »
Xavier, papa de Nola et Tess

* Étude menée en mai 2012 sur 3 020 mères avec un bébé portant des couches, en France, Allemagne et Royaume-Uni.

36 *À 6 mois, notre bébé ne fait toujours pas ses nuits : est-ce de notre faute ?*

Vous avez appliqué à la lettre tous les conseils de ce livre et pourtant, rien n'y fait : votre bébé de 6 mois (ou plus) ne veut toujours par faire une nuit complète sans vous réveiller au moins une ou deux fois. Si, en théorie, un bébé est physiologiquement en capacité de faire ses nuits entre 3 et 6 mois, dans la pratique, les choses sont souvent bien différentes. Nombreux sont les jeunes parents désemparés qui ne savent plus comment faire. Voici quelques pistes de réflexion à méditer…

- Sachez que **la grande différence entre les bébés qui « font leurs nuits » et ceux « qui ne les font pas » n'est pas dans la non-interruption de leur sommeil, mais dans leur capacité à gérer leurs éveils nocturnes**, qui peuvent être assez longs, surtout aux alentours de 7 ou 8 mois. Certains bébés savent rester calmement dans leur lit, ils regardent autour d'eux, jouent avec leur turbulette ou leur doudou et se rendorment seuls, tout naturellement et sans aucune anxiété. D'autres, au contraire, ne savent pas rester 10 secondes éveillés dans leur lit sans en avertir immédiatement le reste de la maisonnée en pleurant ! Pourquoi ? Tout simplement parce qu'ils ne savent pas se rendormir seuls et qu'ils ont été habitués à être bercés, promenés ou nourris dès qu'ils avaient un œil ouvert.
- Sachez aussi que **le bébé allaité peut encore avoir besoin d'une tétée nocturne à 6 mois.** Si vous allaitez, vous le saviez déjà !
- En refusant de s'endormir seul, votre enfant peut aussi vous envoyer **le signal que quelque chose ne va pas à la maison ou bien que quelque chose ne lui convient pas**. Le tout-petit peut, de cette manière, exprimer un manque vis-à-vis de l'un de ses parents, ou des deux (par exemple si la maman vient de reprendre le travail, si le papa rentre tard du travail et ne voit pratiquement pas son bébé). Sa stratégie : vous réveiller en

pleine nuit pour passer un peu plus de temps avec vous, et combler son besoin de votre présence.

- Le bébé peut aussi **ressentir le mal-être de ses parents**, par exemple si la maman est déprimée à l'idée de reprendre le travail ou, au contraire, en raison du fait qu'elle reste à la maison pour s'occuper de son enfant. Ou si le papa a du mal à gérer les contraintes de sa vie professionnelle en même temps que celle de sa nouvelle vie de père…
- **Le sentiment de manque ou de besoin d'être en présence de son bébé peut aussi venir des parents.** Par exemple, si la grossesse a été difficile ou a été très longtemps attendue, les parents peuvent avoir des difficultés à se séparer de leur enfant la nuit (car, soulignons-le, le sommeil est d'abord et avant tout une séparation, pour les parents comme pour l'enfant). En quelque sorte, le fait de se lever la nuit devient un rendez-vous indispensable pour eux, afin de vérifier que leur bébé va bien.

Le conseil en + de la pédiatre

Quand Bébé ne fait pas ses nuits et que cela pèse sur son quotidien, il est important de ne pas se focaliser sur son enfant en se demandant : mais qu'est-ce qui ne va pas chez lui ? Interrogez-vous aussi sur vous-même : qu'est-ce qui fait que votre bébé ne dort pas ? Est-ce que, sans le vouloir, vous lui transmettez certaines de vos angoisses ? Cette prise de recul n'est pas toujours évidente à faire tout seul, alors n'hésitez pas à vous faire aider en en parlant, dans un premier temps, à votre pédiatre. Accepter d'en parler, demander de l'aide, c'est déjà un grand pas pour faire avancer les choses. En changeant de regard sur son problème, on commence déjà à changer de comportement. Et parfois cela suffit pour que tout rentre dans l'ordre.

LES BÉBÉS PLEURERAIENT LA NUIT POUR... EMPÊCHER LEURS PARENTS DE FAIRE UN AUTRE ENFANT !

Selon des chercheurs de l'université d'Harvard, les bébés qui réveillent leurs parents la nuit, et en particulier leur mère, ont un but bien précis : les empêcher d'avoir des rapports sexuels et donc de concevoir un petit frère ou une petite sœur. Cette stratégie serait particulièrement à l'œuvre chez les bébés allaités : en réclamant le sein de leur mère la nuit, ils ne font que prolonger la période d'infertilité post-grossesse (allaiter son enfant est souvent considéré comme un moyen de contraception naturel). Une question de survie en quelque sorte puisque, comme le souligne l'un des chercheurs, « les courts délais entre deux naissances sont associés à l'augmentation de la mortalité infantile », en particulier dans les milieux défavorisés.

37 *Et si mon bébé était un BABI (bébé aux besoins intenses) ?*

La nuit, votre bébé dort peu. Il se réveille dès que vous le posez dans son lit. La journée, il pleure souvent, réclame sans cesse les bras et refuse que vous le quittiez une seule seconde. Sa sensibilité est exacerbée et il réagit de manière intense au moindre événement. Vous avez mis en pratique une grande partie des conseils donnés dans ce livre et pourtant, rien n'y fait ! **Votre bébé est peut-être un BABI, un bébé aux besoins intenses ?** Ce concept (qui n'a rien de nouveau puisqu'il a été inventé dans les années 1980 par un pédiatre américain qui a écrit de nombreux livres sur le sommeil des bébés*) divise : certains estiment qu'il ne s'agit rien d'autre que de bébés capricieux élevés par des parents trop laxistes. D'autres au contraire avancent une explication biologique à ce phénomène : ces enfants auraient des fonctions biologiques moins régulières, ce qui influerait, entre autres, sur leur cycle éveil-sommeil. En fait, il y a toujours eu des bébés plus « difficiles » que d'autres, ce qui est nouveau est de reconnaître ce phénomène et de lui donner un nom.

Peu connu en France, ce concept mériterait pourtant qu'on s'y intéresse de plus près. **Il permettrait aux jeunes parents de déculpabiliser un peu** en se disant que ce n'est pas de leur faute si leur bébé est ainsi. Et de se rendre compte qu'ils ne sont pas les seuls à rencontrer ce type de problèmes. À défaut de recette miracle, la meilleure solution pour s'occuper de ces bébés est de les rassurer : ce sont avant tout de grands anxieux mais aussi de vraies éponges. Ils sont hyperréactifs et hypersensibles à ce qui les entoure : ce qui, dans un sens, est aussi un point positif ! Au programme donc : câlins, porte-bébé, massages… Pensez aussi à parler avec votre pédiatre : ces pleurs peuvent être dus à des coliques, un reflux… Enfin sachez que les BABI ne le restent pas toute leur vie : dès que l'enfant s'autonomise (par la marche ou, plus tard, grâce à l'école), les choses rentrent dans l'ordre.

---

* W. Sears, M. Sears, *The Fussy Baby Book: Parenting Your High-Need Child From Birth to Age Five*, Little, Brown and Company, 1996.

38 *Existe-t-il des recettes miracle pour l'aider à faire ses nuits plus vite ?*

Même si la capacité des bébés à « faire leurs nuits » dépend, au début du moins, de facteurs biologiques, il existe des astuces pratiques et concrètes pour l'aider à passer le cap plus vite.

- **Rassurez-le encore et toujours !** Pour votre bébé, la nuit est avant tout synonyme de séparation. C'est un apprentissage quotidien dans lequel vous avez un rôle important à jouer.
- **Accordez-lui une attention pleine et entière la journée**, au moment où vous êtes disponible pour lui, afin qu'il ne ressente pas le manque et la frustration le soir venu. L'idée est de l'aider à mieux gérer la séparation que représente la nuit de sommeil.
- **Mettez en place un petit rituel du coucher dès l'âge de 2 ou 3 mois.** Au début, ce rituel peut être tout simple : on prend le bain, on met le pyjama, on chante une berceuse, on fait un gros câlin… et hop au dodo ! Pour les tout-petits, ce sont autant de repères qui rassurent et apaisent.
- **Adoptez des rythmes fixes la journée aussi.** Les bébés ont besoin d'avoir des repères, cela les rassure et les apaise : on appelle cela les « donneurs de temps ». Il peut s'agir de l'heure des repas, des promenades, des jeux, du bain, etc. Cela leur permet d'apprendre aussi, petit à petit, à se repérer dans le temps. Essayez de respecter un emploi du temps à peu près identique chaque jour.
- **Aidez-le à faire la différence entre le jour et la nuit**, afin qu'il puisse tout doucement réguler son rythme biologique. Voir aussi p. 73.
- **Et détendez-vous :** votre état de stress a des répercussions sur votre bébé. Plus vous serez serein, plus votre bébé le sera aussi et mieux il dormira.

39 *Comment lui apprendre à s'endormir (et surtout à se rendormir) seul ?*

Une récente étude britannique a montré que **les nourrissons qui savent se rendormir seuls, sans pleurer, aux alentours de 4 ou 5 semaines, ont des nuits plus paisibles et dorment plus longtemps en grandissant**. Ces mêmes bébés seraient capables de faire leurs nuits vers 3 mois. Pour démontrer cela, les chercheurs ont visionné des centaines de vidéos de bébés à différents âges afin de comparer leurs rythmes de sommeil. Ils ont par ailleurs constaté qu'environ 1 bébé sur 4 a cette capacité de se rendormir tout seul. Mais, pour l'instant, les chercheurs n'avancent aucune explication pour éclaircir cette différence entre les enfants…

En attendant de savoir s'il existe des explications biologiques à ce phénomène, sachez que certains bons réflexes sont indispensables.

- **Ne l'habituez pas à s'endormir dans vos bras en le berçant**. Le câlin et la berceuse peuvent bien sûr faire partie du rituel du soir, mais il est essentiel de reposer votre bébé dans son lit avant qu'il ne soit endormi. Si c'est vraiment trop difficile pour lui (ou pour vous), allez-y progressivement : le premier jour, reposez-le quasiment endormi, le deuxième un peu moins, et ainsi de suite jusqu'à réussir à le coucher alors qu'il est encore éveillé.
- **Évitez qu'il s'endorme au sein ou au biberon**. Si vous voyez qu'il pique du nez, stimulez-le afin qu'il ne s'endorme pas… avant que vous l'ayez mis dans son lit.
- Une fois que vous l'avez posé dans son lit, **ne restez pas à côté de lui en attendant qu'il ferme enfin les yeux**. Adressez-lui quelques mots doux, dites-lui bonsoir et quittez sa chambre.
- **Ne revenez pas 2 minutes après** pour voir s'il s'est effectivement endormi ! Et ne restez pas non plus 15 minutes l'oreille collée derrière la porte…

- **S'il pleure, n'accourez pas tout de suite.** Laissez-le pleurer un peu, puis allongez progressivement cette durée d'attente… jusqu'à ce qu'il ne pleure plus du tout !
- Si votre bébé de 4 mois ou plus se réveille la nuit en pleurant, **évitez de lui donner à manger**. À cet âge, les biberons ou les tétées de la journée suffisent à combler ses besoins. Si vous lui donnez à manger la nuit, il risque de ne plus pouvoir s'en passer pour se rendormir.

L'avis des parents

« Jusqu'à présent, mon bébé, qui a aujourd'hui un peu plus de 3 mois, s'endormait difficilement s'il n'était pas au sein ou dans la poussette. Depuis deux semaines environ, il sait s'endormir seul, dans son lit. Notre technique : essayer de passer un moment calme avec lui après la dernière tétée du soir, vers 20 h 30, avant de le coucher. Dès qu'on le sentait serein, on le mettait dans son lit. Au début, il n'était pas content du tout et se mettait à hurler. Alors on le rassurait, on lui disait qu'on était là, à ses côtés, que son lit était le meilleur endroit pour lui pour dormir… De notre côté, il fallait essayer d'être le plus zen possible et ne pas le prendre dans nos bras, malgré ses hurlements qui nous fendaient le cœur ! Cette phase de transition a duré environ une semaine, et nous avons tenu bon. Aujourd'hui, il s'endort plus facilement tout seul. Parfois même, il ne pleure pas du tout quand on le couche. »

Nelly, maman d'Antonin

Le conseil en + de la pédiatre

Inutile de s'efforcer de faire le silence complet dans la maison pour aider votre bébé à bien s'endormir. Au contraire s'il a été habitué, *in utero,* à être bercé par le son d'une guitare ou celui d'une route toute proche, retrouver cet environnement sonore une fois né, au moment du coucher, peut le rassurer et le calmer.

40 *Et si ses pleurs nocturnes avaient des causes médicales ?*

Dans une grande majorité des cas, votre bébé pleure la nuit parce qu'il a envie d'être câliné… et parce qu'il a pris l'habitude de se rendormir dans vos bras ou en tétant. Mais il ne faut pas oublier les causes médicales qui peuvent aussi perturber son sommeil, de manière chronique (toutes les nuits ou presque depuis qu'il est né), ou de manière ponctuelle (plusieurs nuits d'affilée). D'où l'importance de rester attentif à l'état de votre bébé, et d'en parler avec votre pédiatre si nécessaire.

Voici les principales causes qui peuvent amener l'enfant à pleurer la nuit.

Les causes chroniques :

- **Le reflux gastro-œsophagien (RGO) :** la journée, votre bébé régurgite fréquemment, parfois à distance des repas, et semble souffrir après chaque repas. La nuit, il a une respiration sifflante et son sommeil peut être entrecoupé.

La conduite à tenir :

- Seul votre médecin est apte à poser le diagnostic de RGO. Si votre bébé souffre de régurgitations fréquentes, parlez-en sans hésiter. Certains médicaments antiacides peuvent le soulager. Et surtout, il est important de surveiller ce trouble car il pourrait causer d'autres problèmes comme l'asthme, la bronchite chronique, l'œsophagite…
- Pendant et après le biberon ou la tétée, ne tenez pas votre bébé trop incliné. Préférez la position semi-assise.
- L'utilisation d'un lait épaissi peut aussi permettre de le soulager.

▶ **La colique du nourrisson :** votre bébé est agité, il se tortille dans tous les sens, il pleure beaucoup et rien ne réussit à l'apaiser. Il peut aussi faire beaucoup de rots et de pets, voire vomir.
La conduite à tenir :

- Les câlins, les berceuses… sont efficaces pour calmer les bébés. Il est surtout très important de rester calme et de ne pas communiquer son stress à son enfant. Les coliques ne sont pas forcément d'origine digestive, elles peuvent aussi être d'origine psychologique : les bébés ressentent le climat d'anxiété ambiant.
- Massez-lui le ventre tout doucement. Ou adoptez la position suivante : calez votre bébé à plat ventre sur votre avant-bras, sa tête dans le creux de votre coude. Les bébés adorent !
- Certains bébés mangent trop vite, ou avalent trop d'air en tétant, ce qui peut aussi causer des ballonnements et des maux de ventre. Veillez à ralentir le rythme, en changeant de tétine par exemple. Pensez également à bien incliner le biberon afin qu'il n'y ait pas d'air dans la tétine.
- Veillez également à nourrir votre bébé dans le calme. Si nécessaire, isolez-vous dans une pièce.

- Si vous l'allaitez, vous pouvez être amenée à réduire votre consommation de produits laitiers dans l'hypothèse d'une sensibilisation de votre bébé par l'intermédiaire de votre lait. Mieux, supprimez totalement les produits laitiers de votre alimentation pendant une semaine afin de voir si cela a des répercussions sur votre bébé.
- Si votre bébé a de la fièvre, qu'il vomit souvent, qu'il refuse de manger, consultez votre médecin dans la journée. Si votre bébé a du sang dans les selles, rendez-vous aux urgences pédiatriques : c'est peut-être le signe d'une allergie aux protéines de lait de vache.

Les causes ponctuelles :

▸ **Le rhume :** votre bébé a le nez qui coule, il a visiblement du mal à respirer et se met à ronfler en dormant (voir aussi p. 122). C'est une maladie courante et banale, mais qu'il ne faut pas négliger car le rhume peut s'infecter, en particulier chez les tout-petits.

La conduite à tenir :

- Nettoyez très régulièrement le nez de votre bébé avec du sérum physiologique.
- Pensez également à le faire boire régulièrement.
- S'il a du mal à respirer, ou qu'il a une bronchiolite, surélevez légèrement son thorax à l'aide d'un plan incliné ou d'un coussin. Veillez également à ne pas trop chauffer sa chambre (19 °C maximum).
- Tant que les écoulements sont clairs et liquides, le rhume guérira tout seul en quelques jours. Si, en revanche, ils sont jaunâtres et épais, accompagnés de fièvre et d'une toux, il y a une petite infection : c'est la rhino-pharyngite. Donnez du paracétamol à votre enfant (en respectant à la lettre les dosages), afin de faire baisser la fièvre. Si vous ne constatez pas d'amélioration dans les 24 heures, consultez.

- Si votre bébé manifeste les symptômes suivants (refus de se nourrir, difficultés à respirer, toux sèche, fièvre, vomissements...), il souffre peut-être d'une bronchiolite. Consultez très rapidement un médecin (dans la journée). Si la bronchiolite touche un bébé de 2 mois, consultez également sans attendre.
- Pour prévenir le rhume, la meilleure solution est une hygiène rigoureuse. Lavez-vous régulièrement les mains à l'eau savonneuse avant de vous occuper de votre bébé. Si vous êtes malade, mettez toujours une main devant votre bouche en toussant ou en éternuant (et lavez-vous les mains ensuite). Évitez également d'embrasser votre bébé sur le visage et les mains. Et pensez à aérer régulièrement votre maison.

▸ **L'otite :** votre bébé se frotte l'oreille, vous semble plus agité que d'habitude, il a de la fièvre, refuse de manger, voire souffre de diarrhée ou de vomissements. Cette inflammation de l'oreille, qui peut s'avérer très douloureuse, est peut-être due à un virus ou une bactérie. Elle survient le plus souvent après un rhume ou à l'occasion d'une éruption dentaire. Si elles se répètent souvent, elles peuvent être la conséquence d'une allergie respiratoire ou alimentaire.
La conduite à tenir :
- Si votre bébé présente les symptômes listés ci-dessus, prenez rendez-vous avec votre médecin. En attendant la consultation (qui n'est pas une urgence), vous pouvez le soulager avec du paracétamol, en respectant à la lettre le dosage. Le médecin vous prescrira ensuite le traitement le plus adapté : antibiotique, anti-inflammatoire...
- Ne donnez jamais d'autres médicaments à votre bébé avant d'avoir l'avis du médecin (gouttes auriculaires, par exemple).

- Si votre bébé est enrhumé, veillez à nettoyer régulièrement son nez avec du sérum physiologique et à le moucher. C'est le meilleur moyen de prévenir l'otite.
- Veillez également à nettoyer régulièrement les oreilles de votre bébé. Mais attention, pas avec un Coton-Tige.

▶ **La poussée dentaire :** votre enfant a visiblement mal aux gencives, il s'agite, met tous les objets à sa bouche et bave beaucoup. Chez certains bébés, cela se manifeste aussi par de la fièvre, des problèmes digestifs (vomissements) ou ORL (otites). Les poussées dentaires commencent généralement vers 5-6 mois, parfois même avant.

La conduite à tenir :

- Si votre bébé souffre beaucoup et/ou s'il a de la fièvre, administrez-lui du paracétamol, en respectant à la lettre le dosage (en fonction de son poids).
- Pour soulager la douleur, donnez-lui un anneau de dentition qu'il pourra mâchouiller. Certains modèles peuvent être réfrigérés (au réfrigérateur, jamais au congélateur) : le froid a un effet apaisant.
- Il existe aussi des gels à base de plantes, à appliquer sur les gencives douloureuses : renseignez-vous auprès de votre médecin ou pharmacien.

41 *Faut-il réveiller un bébé qui dort pour lui donner à manger ?*

On ne réveille pas un bébé qui dort ! Si votre bébé de 3 mois ne s'est pas réveillé pour son traditionnel biberon de 1 h 30 et a dormi d'une traite entre 21 heures et 7 heures du matin, c'est peut-être tout simplement qu'il commence à faire ses nuits ? Alors pourquoi casser son rythme en le réveillant ?

Mais il existe **une exception** : le premier mois, les **bébés prématurés ou avec un petit poids de naissance** peuvent avoir besoin d'être réveillés pour être nourris car ils n'ont pas de réserves, et qu'ils n'ont pas toujours assez de forces pour réclamer à manger. N'hésitez pas à demander conseil à votre pédiatre sur ce sujet.

42 *À partir de quel âge un bébé peut-il se passer de biberon ou de tétée la nuit ?*

À partir de 4-5 mois (un peu plus tard pour les bébés allaités), un bébé a normalement adopté un rythme de croisière en ce qui concerne l'alimentation, avec 4 biberons ou tétées par jour. Cela suffit à combler ses besoins et sa faim. En théorie donc, il ne doit plus être nourri la nuit. S'il continue à se réveiller la nuit, ce n'est pas parce qu'il a faim. Évitez donc de lui donner à manger. Sinon, il risque de prendre de mauvaises habitudes et de se rendormir uniquement quand il est au sein ou au biberon. Au contraire, il faut lui apprendre à se rendormir seul (voir p. 88) sans aide extérieure quelconque. De plus, s'il mange trop, il risque de souiller plus de couches, ce qui risque de le gêner pendant la nuit… et de le réveiller à nouveau.

Le conseil en + de la pédiatre

Votre bébé ne doit pas associer l'endormissement et la nourriture. Veillez à bien séparer le biberon ou la tétée du soir et le moment du coucher, tant sur le plan temporel (deux moments bien distincts) que géographique (deux endroits différents). Pour cela, l'astuce est toute simple : elle consiste à lui donner son dernier biberon dans la cuisine ou la salle à manger, bref, à la table du repas, et non dans sa chambre.

COMMENT SE DÉBARRASSER DE LA TÉTÉE DE NUIT (OU LA MÉTHODE DU SEVRAGE NOCTURNE) ?

Sevrer son bébé la nuit du sein maternel sans pour autant le sevrer totalement ? C'est la question que se posent de nombreuses jeunes mamans. Il faut savoir que la tétée de nuit (tout comme le biberon d'ailleurs) n'est pas seulement nutritive : elle représente aussi pour le bébé – et pour la maman – un moment de tendresse et de complicité très rassurant. Pour réussir à s'en passer, il faut donc, dans un premier temps, la remplacer par un autre moment de ce type, comme un câlin par exemple. Si c'est le papa qui s'en charge, c'est encore mieux, car cela évite au bébé de ressentir la tentation du sein ! La journée, pensez également à expliquer à votre enfant que les tétées de nuit sont finies. Rappelez-le-lui, le soir venu, et quand il se réveille la nuit. Au début, votre enfant ne sera sûrement pas d'accord avec cette nouvelle habitude, mais ne cédez pas : expliquez-lui en douceur qu'il lui faut attendre le matin pour manger, et que vous êtes à ses côtés. Nuit après nuit, répétez ce même rituel (cette phase de transition peut être plus ou moins longue selon les enfants) jusqu'à ce qu'il ne vous réveille plus la nuit.

43 *Arrêter totalement l'allaitement au sein peut-il aider un bébé à faire ses nuits ?*

« Ton bébé ne fait pas encore ses nuits ? Arrête de l'allaiter et donne-lui des biberons ! Tu verras, il sera mieux calé, et dormira beaucoup mieux. » Si vous donnez le sein à votre bébé, vous aurez sûrement droit à ce conseil de la part d'une de vos proches (voire, peut-être, de votre pédiatre). L'idée sous-jacente est de dire que le lait artificiel cale mieux que le lait maternel (voir aussi p. 29). Et donc qu'en étant mieux calé, l'enfant ne se réveille plus la nuit. Pas si sûr !

Une étude* menée par des chercheurs de l'université de Swansea, au Royaume-Uni, a montré que, contrairement aux idées reçues, **les bébés allaités ne se réveillent pas plus la nuit que les bébés nourris au biberon.** La seule différence notée par les chercheurs est que les mamans allaitantes nourrissent de manière plus systématique leur bébé, car lui donner le sein est une manière de le faire se rendormir plus vite. Les bébés nourris au biberon, eux, se réveillent aussi, mais ne sont pas systématiquement nourris. Il est tout à fait normal et naturel pour les bébés de se réveiller la nuit, rappellent les chercheurs. Et modifier le type d'allaitement en espérant agir sur leur sommeil est totalement inutile.

* A. Brown, V. Harries, *"Infant sleep and night feeding patterns during later infancy: association with breastfeeding frequency, daytime complementary food intake, and infant weight"*, *Breastfeeding Medicine*, 2015.

44 *Ajouter des céréales dans son biberon du soir : une bonne idée ?*

Dans cette même étude britannique, citée dans la question précédente, les chercheurs se sont intéressés aux bénéfices supposés de l'introduction d'aliments solides (et notamment de céréales infantiles dans le dernier biberon de la journée) sur les nuits de Bébé. Ils avancent que la quantité de nourriture ingérée dans la journée n'a aucune conséquence sur les réveils nocturnes : ceux qui mangent beaucoup se réveillent autant que ceux qui mangent moins ! **Non seulement ajouter des céréales dans le biberon du soir est inutile, mais en plus vous risquez de déséquilibrer les apports de votre bébé et de le surnourrir**, ce qui peut être une cause d'obésité.

Le conseil en + de la pédiatre

Il n'y a pas de justification nutritionnelle à introduire des céréales infantiles dans l'alimentation du nourrisson avant l'âge de 4 mois*. L'augmentation de la densité énergétique des biberons que cela entraînerait risquerait de réduire la consommation de lait par le nourrisson et l'exposerait alors à des carences nutritionnelles (fer, calcium, acides gras essentiels). Il faut donc éviter d'ajouter des céréales infantiles dans le lait pour maîtriser les prétendues fringales nocturnes des jeunes nourrissons avant 4 mois.

---

* Source : P. Tounian, F. Sarrio. *Alimentation de 0 à 3 ans*, Elsevier-Masson, coll. Pédiatrie au quotidien, 2e édition, 2011.

45 *La nuit, faut-il laisser un bébé pleurer ?*

Si, la nuit, on ne se lève plus pour aller nourrir Bébé, faut-il encore se lever ou, au contraire, le laisser pleurer ? C'est une question qui suscite des débats récurrents.

Pour certains, il ne faut jamais laisser un bébé pleurer car il exprime une angoisse et a besoin d'être rassuré : c'est cruel, inhumain et cela peut avoir des conséquences sur son bon développement neurologique. Pour d'autres, au contraire, accourir au moindre pleur rend les enfants capricieux et empêche leur apprentissage de l'autonomie. Et si la bonne attitude résidait, comme souvent, dans un juste milieu ?

Entre 4 et 6 mois, adoptez la technique du « 5/10/15 » dite technique de l'attente progressive. Quand votre enfant pleure, attendez 5 minutes avant d'aller le voir et le rassurer. Puis remettez-le dans son lit encore éveillé et quittez la pièce. Il pleure à nouveau ? Attendez 10 minutes avant d'aller lui faire un câlin et lui dire bonsoir. S'il se remet à pleurer encore une fois, patientez cette fois 15 minutes. Et ainsi de suite : il devrait rapidement s'endormir. La nuit d'après, commencez par 10 minutes d'attente, puis 15, 20, etc. Ne laissez pas pleurer un bébé plus de 30 minutes.

L'avis des parents

« Je pense que les pleurs des bébés sont tous différents. Certains pleurs arrivent pendant le sommeil, je les respecte et laisse Bébé dormir, même s'il n'a pas l'air heureux. J'ai fait l'expérience un jour de le réveiller alors qu'il pleurait en dormant et la situation est devenue pire, Bébé s'est arrêté de pleurer pour crier encore plus fort afin d'exprimer sa colère et son mécontentement. »
Hoa Dung, maman d'Amandine, Timothée et Margot

LAISSER PLEURER LES ENFANTS, LE SECRET D'UN BÉBÉ « MADE IN FRANCE » ?

Si l'on en croit les propos de Pamela Druckerman, journaliste américaine installée depuis plusieurs années en France*, ne pas courir aux premiers pleurs du bébé est un principe d'éducation bien français. Et qui expliquerait pourquoi les petits Français font leurs nuits bien plus tôt que les autres (selon elle, un grand nombre d'entre eux passerait le cap à 2 ou 3 mois, ce qui est sûrement un peu loin de la réalité...). Cette révélation lui aurait été faite par un médecin français de New York, le Dr Cohen : « Les parents un peu moins réactifs à l'agitation nocturne de leur bébé ont toujours des enfants qui dorment bien. Alors que ceux qui réagissent au quart de tour ont des enfants qui se réveillent plusieurs fois par nuit, jusqu'à ce que cela devienne insupportable. » Toujours selon le médecin, il faudrait agir de cette façon avant l'âge de 4 mois. Au-delà, les mauvaises habitudes sont déjà installées.

* Auteure de *Bébé made in France : quels sont les secrets de notre éducation ?*, Flammarion.

46 *Il faisait ses nuits, il ne les fait plus : pourquoi ?*

Votre bébé qui dormait comme un loir depuis ses 3 mois et demi (pour votre plus grand bonheur !) a décidé brusquement (à 5, 6 mois ou plus) de se réveiller toutes les nuits. Un retour en arrière pas toujours très facile à gérer. Sachez que les bébés sont très sensibles à leur environnement, au climat ambiant... Il suffit parfois de peu de chose pour qu'ils soient perturbés, et pour que leur sommeil s'en ressente. Plusieurs facteurs peuvent expliquer cette nouvelle situation.

Vous allez ou venez de reprendre le travail

Après quelques semaines, voire mois, de fusion totale, vous allez reprendre le travail. Pour votre bébé, c'est un grand changement. Même si cet événement n'est pas censé modifier le cours de ses nuits, votre enfant ressent tout ce que vous n'exprimez pas forcément : l'appréhension de la reprise du travail, l'angoisse de le laisser à quelqu'un d'autre pendant la journée... Résultat : lorsqu'il se réveille la nuit, il veut vérifier que vous êtes toujours là, à ses côtés, et il a besoin d'être rassuré.

Les bons réflexes à adopter :

- Veillez à lui expliquer avec des mots simples que vous allez ou venez de reprendre le travail. Mais que cela ne change rien à son quotidien : vous allez le voir le soir, pour le bain, le dîner, le coucher...
- N'oubliez pas le rituel du coucher. Certes, en raison de la reprise de votre activité professionnelle, vous avez moins de temps le soir mais cette routine est importante pour lui. Si besoin, raccourcissez-la (deux histoires au lieu de quatre, par exemple) mais ne zappez aucune étape.
- S'il se réveille la nuit, allez le voir pour lui faire des petites caresses ou un bisou. Mais ne le prenez pas dans vos bras.

Rassurez-le en lui disant que vous n'êtes pas loin. Expliquez-lui que c'est l'heure de dormir mais ne vous éternisez pas.

À noter : si votre bébé ne fait pas encore ses nuits au moment où vous reprenez le travail (c'est souvent le cas car la reprise s'effectue généralement vers 3 ou 4 mois), vous pouvez aussi, de manière inconsciente, lui mettre la pression pour qu'il passe le cap. Or il ressent cette ambiance tendue, et ne peut que résister encore un peu plus.

L'avis des parents

« Luna a fait ses nuits à 2 mois. Puis elle a arrêté de les faire lorsque j'ai repris le travail et qu'elle a été chez la nounou. Je pense qu'elle répondait à un besoin inconscient de ma part : j'avais l'impression de passer tellement peu de temps avec elle la journée que j'étais presque contente de ces petits moments ensemble la nuit... J'allaitais et elle se rendormait illico, parfois dans notre lit. Et puis, ça a duré, duré, jusqu'à ses 9 mois. Je n'en pouvais plus. Nous avions essayé de la laisser un peu pleurer, en vain. Un jour, une collègue qui avait eu un bébé en même temps que moi, m'a dit : « Moi ? Aucun souci. Le problème vient du fait que tu la mets dans ton lit et bla-bla-bla... » J'ai été vexée ! Le soir même, on réessayait de la laisser pleurer. J'ai pleuré autant qu'elle pendant 45 minutes. Et c'était fini. En une nuit, tout était réglé ! »
Anne, maman de Luna

Vous revenez de vacances

Pendant les vacances, il a pris l'habitude de dormir tout près de vous dans la chambre d'hôtel ou le studio que vous aviez loué. Résultat : à votre retour, il ne comprend pas que vous « l'abandonniez » tout seul dans sa chambre.

Les bons réflexes à adopter :

- En revenant de vacances, faites-lui faire le tour de la maison, avant qu'il reprenne rapidement ses marques. Et surtout allez dans sa chambre, et montrez-lui que son univers quotidien n'a pas changé : son lit, sa turbulette, ses peluches, sa table à langer...
- Le soir au coucher, expliquez-lui que vous n'êtes plus en vacances, qu'il a retrouvé sa chambre et que, maintenant, toute la famille reprend ses bonnes habitudes : chacun dort dans sa chambre.
- S'il se réveille la nuit en pleurant, c'est sûrement parce qu'il se sent perdu. Attendez quelques minutes pour aller le voir. Puis rassurez-le en lui disant qu'il est dans sa chambre et que vous dormez à côté, comme toutes les nuits. Un bisou, quelques caresses, un bonsoir puis éclipsez-vous !

Il a été malade

Votre enfant a peut-être pris l'habitude de se réveiller toutes les nuits à cause d'un rhume ou d'une otite. Même s'il n'est plus malade, il peut être un peu difficile pour lui de reprendre le rythme normal, et surtout de ne plus vous voir accourir dans sa chambre en pleine nuit. Cela lui manque et il aimerait bien en profiter encore un peu.

Les bons réflexes à adopter :

- Expliquez-lui que vous êtes venu le voir pendant quelques nuits parce qu'il était malade. Mais que, maintenant, il est guéri et qu'il peut recommencer à dormir toute la nuit sans souci.

- S'il continue à pleurer la nuit, ne vous précipitez pas. Attendez quelques minutes. S'il ne se calme pas, allez le voir mais ne le prenez pas dans vos bras. Rassurez-le avec quelques paroles douces ou des caresses, puis dites-lui bonsoir et quittez la chambre.

Vous venez de déménager

Encore une raison de se sentir perdu : votre enfant a besoin d'un peu de temps pour prendre de nouveaux repères. Cela peut bien sûr avoir des répercussions sur son sommeil mais aussi dans bien d'autres domaines : il ne veut plus manger, il joue moins, il ne veut plus être pris par des bras inconnus…

Les bons réflexes à adopter :

- Si vous n'avez pas encore changé de domicile, préparez-le au déménagement et ne le mettez pas devant le fait accompli. Vous allez changer de maison, mais on emmène son lit, ses doudous, ses jouets… Et bien sûr, ses parents seront toujours là avec lui.
- Le plus important est que votre enfant retrouve ses repères dans son nouvel univers : dans la mesure du possible, aménagez sa nouvelle chambre comme la précédente. Évitez au maximum de changer la disposition des meubles ou de ses points de repères : sa veilleuse, son mobile… Ainsi, vous pourrez le rassurer en lui disant tout simplement : « Tu vois, ta chambre aussi t'a suivi dans la nouvelle maison. »
- Ne changez rien au rituel du coucher (son livre préféré et sa turbulette ou sa couverture favorite ne doivent pas être rangés dans l'un de vos multiples cartons, encore à déballer).

Il ressent les « angoisses du huitième mois »

Vers 8 mois, les bébés vivent une étape importante, qui peut aussi avoir des répercussions sur leur sommeil. À cet âge, ils commencent à se rendre compte qu'ils sont des personnes bien distinctes de leur mère, et donc qu'ils peuvent être séparés d'elle à tout moment. Votre tout-petit peut aussi se mettre à pleurer face aux personnes qu'il ne connaît pas ou peu. Cette étape, fondamentale et incontournable dans son développement, peut se traduire par des angoisses importantes, notamment la nuit. Mais elle est heureusement transitoire…

Les bons réflexes à adopter :

- Soyez patient et compréhensif : ne vous moquez pas de lui (en lui disant qu'il n'est plus un bébé, par exemple) et ne le forcez pas à aller vers les étrangers si cela le fait pleurer. Au contraire, rassurez-le en le prenant dans vos bras, en lui parlant tout doucement… Mais ne lui faites pas des câlins uniquement lorsqu'il se montre angoissé : il pourrait alors associer angoisse et câlin, et continuer à adopter ce comportement pour avoir vos faveurs !
- Dans la journée, ne partez jamais sans lui dire au revoir, et en lui spécifiant que vous allez le retrouver le soir après la crèche, par exemple.
- Ne zappez jamais le rituel du soir. Rassurez votre bébé en lui disant que vous n'êtes pas loin, et que vous allez vous revoir le lendemain matin.
- C'est aussi vers cet âge-là que les enfants adoptent leur doudou (voir p. 157). Une bonne façon pour eux de se rassurer quand papa et maman ne sont pas près de lui.

Il a un rhume, une otite, il fait ses dents…

Les réveils nocturnes peuvent aussi être liés à des problèmes médicaux ponctuels (voir aussi p. 92). Dans ce cas, tout devrait rentrer dans l'ordre une fois que Bébé est guéri. Mais le challenge est de ne pas céder en prenant de mauvaises habitudes qu'il aura ensuite du mal à abandonner : le faire dormir dans votre lit, le bercer jusqu'à ce qu'il se rendorme…

3

Trucs et astuces pratiques

A u fil du temps, chaque parent développe ses propres petites astuces, classiques ou insolites, pour endormir son bébé… Voici un petit florilège qui ne manquera pas de vous inspirer !

47 *Comment bien masser Bébé pour l'aider à s'endormir ?*

Chez les bébés, comme chez les adultes, les massages favorisent la détente et aident à trouver le sommeil plus vite. Les tout-petits adorent ce contact peau-à-peau qui les rassure, mais aussi leur fait découvrir un sens important : le toucher.

Voici quelques idées de massages faciles :

- **Le massage du dos.** Allongez votre bébé sur le ventre et placez votre main droite sur son épaule gauche. Laissez-la glisser lentement en diagonale vers sa fesse droite. En même temps, placez votre main gauche sur son épaule droite, et faites le même mouvement vers la fesse gauche. Répétez ce mouvement une dizaine de fois.

- **Le massage des jambes.** Allongez votre bébé sur le ventre. Posez une main sur sa fesse. Enserrez sa cuisse avec l'autre main et descendez tout doucement le long de la jambe, en exerçant une pression douce. Relâchez doucement une fois que vous êtes parvenu au niveau du pied. Faites de même de l'autre côté.
- **Le massage des bras.** Allongez votre bébé sur le dos. Enserrez son bras avec une main, et descendez tout doucement jusqu'à la main, puis étirez délicatement chacun de ses doigts. Faites de même pour l'autre bras.
- **Le massage de la poitrine aux pieds.** Allongez votre bébé sur le dos. Posez vos deux mains à plat sur sa poitrine, pouces à l'intérieur, puis descendez-les doucement en passant par ses cuisses. Descendez ensuite ses jambes jusqu'aux pieds. Étirez ses doigts de pied un à un, tout en douceur.

LES RÈGLES D'OR POUR BIEN MASSER BÉBÉ

- Le meilleur moment, c'est **après le bain**, quand Bébé est déjà un peu détendu... Ne massez pas votre bébé quand il est agité.
- Avant de commencer, **lavez-vous soigneusement les mains.**
- **Allongez-le tout nu à bonne hauteur**, sur la table à langer par exemple. Pensez à mettre une serviette éponge, au cas où Bébé ferait pipi.
- **Allez-y en douceur** : au début, 2 ou 3 minutes suffisent pour lui apporter bien-être et sérénité. Vous pourrez augmenter progressivement la durée du massage, jusqu'à 15 ou 20 minutes à 1 mois.

- Le massage est avant tout un moment de plaisir et de détente pour votre bébé. **Privilégiez une atmosphère calme, un lieu cosy...** Vous pouvez ajouter une petite musique douce.
- Vous pouvez masser votre bébé avec **quelques gouttes d'huile végétale.** Idéal pour nourrir sa peau et pour assurer une bonne glisse. Frottez l'huile entre vos paumes pour la réchauffer avant de l'appliquer sur la peau de Bébé.
- **Veillez à ce que votre bébé ne prenne pas froid pendant le massage.** Si nécessaire, augmentez légèrement le chauffage dans la pièce.
- **Gardez toujours une main sur votre bébé**, même lorsque vous attrapez une serviette pour l'envelopper.

48 *Chanter une berceuse, est-ce vraiment efficace ?*

Oui ! Non seulement **les berceuses aident les bébés à s'endormir mais en plus elles sont bonnes pour leur santé**. C'est la conclusion d'une étude* très sérieuse menée par des chercheurs de l'hôpital de Great Ormond Street, à Londres ! Selon eux, les chansons douces auraient des vertus insoupçonnées jusqu'ici : elles permettraient de soulager la douleur des enfants et abaisseraient leur fréquence cardiaque. Ils ont pour cela fait l'expérience auprès d'un groupe d'enfants hospitalisés de moins de 3 ans (en attente d'une transplantation cardiaque ou atteints d'une pathologie grave), et ont réussi à montrer que ceux à qui on chantait des chansons ressentaient moins la douleur que les autres, et avaient un rythme cardiaque plus régulier.

---

* E. Longhi, N. Pickett, D. J. Hargreaves, *"Wellbeing and hospitalized children: can music help?"*, *Psychology of Music*, August 22, 2013.

Vous n'aimez pas chanter mais préférez raconter une histoire à votre enfant ? Sachez que les chercheurs ont noté que la lecture n'avait en revanche aucun effet. Vous pensez vous en sortir avec un disque ? Manqué, car cela est beaucoup moins efficace. Alors un petit effort : l'important n'est pas de bien chanter, mais tout simplement de chanter.

49 *Pouce ou tétine pour dormir, quelle est la meilleure option ?*

Les jeunes parents se posent souvent cette question mais au final, ne serait-ce pas un faux débat ?

- **Avant 3 mois en effet, le nouveau-né est trop petit pour trouver son pouce** de lui-même. La tétine est alors la seule réponse à ce besoin de succion déjà présent *in utero* (à moins que vous ne passiez votre temps avec votre petit doigt dans sa bouche…). Il n'y a donc pas vraiment de choix à faire.
- De plus, **la perception de la tétine diffère** selon les époques. Autrefois, on la considérait comme un outil pour faire taire les enfants. Aujourd'hui, elle est recommandée pour prévenir la mort subite du nourrisson pendant le sommeil (voir p. 126). Elle est aussi utilisée chez les prématurés, pour éviter qu'ils ne perdent leur réflexe de succion s'ils sont alimentés par sonde ou perfusion.
- **Quant aux effets sur la dentition, ils se valent**, à peu de chose près (voir encadré ci-après). Le problème réside davantage dans leur usage à long terme. Si la tétine est souvent davantage remise en cause que le pouce, c'est surtout parce qu'elle est souvent plus longtemps utilisée par les enfants. Le pouce, lui, est généralement abandonné plus tôt.
- La seule différence est que **la tétine maintient les parents dans un certain état de dépendance**. S'il la perd pendant son sommeil,

il vous le fera savoir ! Problème que l'on ne rencontre pas avec le pouce…

- Au final, **c'est l'enfant qui choisit** entre pouce et tétine. Inutile de s'escrimer à lui faire préférer l'un à l'autre…

QUELLES CONSÉQUENCES SUR LES DENTS, LES PROBLÈMES ORL… ?

Le pouce et la tétine amènent tous les deux l'enfant à respirer par la bouche, ce qui peut avoir des effets néfastes : palais trop étroit mais aussi problèmes ORL (rhinites, otites, asthme…) et de sommeil. De plus, ils déforment tous les deux la dentition, mais de manière différente. Le pouce a tendance à faire avancer la mâchoire supérieure vers l'avant. Résultat : un décalage entre les dents du haut et du bas, et un phénomène de « dents en avant ». La tétine comprime les maxillaires et laisse un espace entre les deux incisives. Pour limiter les dégâts, mieux vaut donc arrêter l'un et l'autre rapidement, si possible avant 3 ou 4 ans.

50 *Aspirateur en marche, robinet qui coule… existe-t-il vraiment des bruits qui aident les bébés à bien dormir ?*

Vous avez certainement entendu parler de certaines astuces apparemment farfelues pour faire dormir les bébés, comme laisser l'aspirateur ou le sèche-cheveux en marche, le robinet ouvert ou encore diffuser un CD avec le bruit des vagues… Ces techniques ne sont en réalité pas si idiotes : il a en effet été prouvé* que **ces bruits, appelés « bruits blancs », ont pour effet de créer une atmosphère relaxante pour les bébés**, en s'approchant du bruit continuel dans lequel ils ont été bercés dans le ventre de leur mère. De plus, ils permettraient de masquer des bruits plus irréguliers comme celui des voitures qui passent dans la rue, celui du chien du voisin qui aboie… Aux Philippines, une célèbre marque internationale de couches a même lancé une fréquence radio uniquement composée de bruits blancs !

51 *L'emmaillotage, une technique efficace ?*

Cette très vieille technique, également appelée *swaddling* ou *wrapping*, semble revenir au goût du jour depuis quelques années. Dans certaines maternités, on la conseille même aux jeunes mamans. Cette méthode, qui consiste à envelopper Bébé de la tête aux pieds dans un lange ou une couverture, aurait **pour effet d'apaiser le bébé en lui rappelant les limites du ventre maternel**. Mais aussi de limiter les réveils nocturnes liés à des mouvements désordonnés des bras, et en particulier à ce que l'on appelle le « réflexe de Moro » (le bébé écarte les deux bras de manière symétrique et relève les bras, c'est un réflexe de défense

* H. H. López, A. S. Bracha, S. Bracha, "*Evidence based complementary intervention for insomnia*", *Hawaii Medical Journal*, vol. 61, sept. 2002.

en cas de bruit ou quand le bébé a la sensation de tomber), ce qui le réveille. Mais sachez que tous les bébés n'apprécient pas d'être enveloppés de cette façon.

EMMAILLOTAGE, MODE D'EMPLOI

Pour emmailloter Bébé, le plus simple est d'utiliser un lange en coton ou en jersey tout doux.
Voici, en dessins, la technique à suivre !

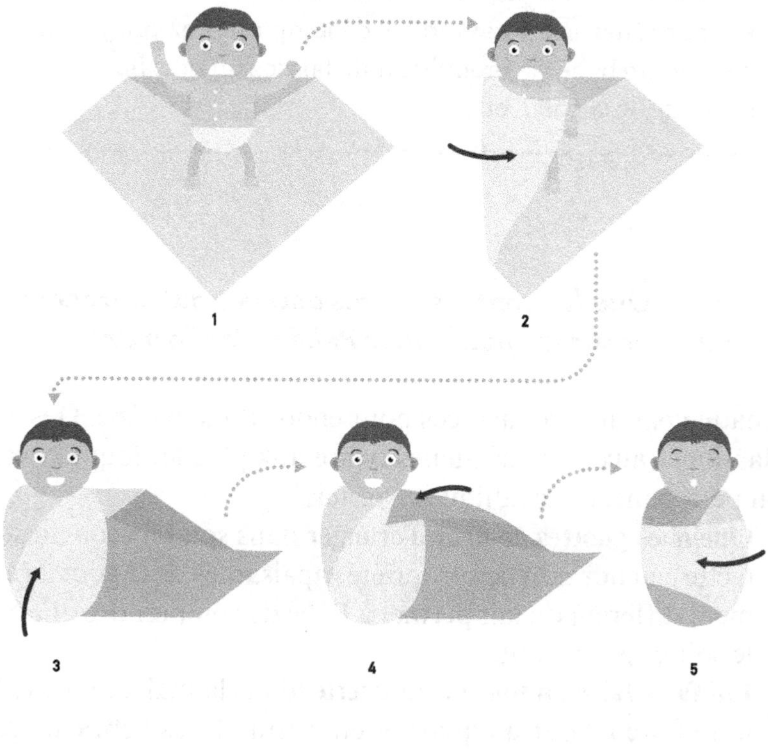

À noter :

- L'emmaillotage n'est pas recommandé quand Bébé commence à se retourner seul dans son lit (vers 3 mois). Certains professionnels de la petite enfance, eux, conseillent de le réserver aux nouveau-nés de moins de 1 mois.
- Ne serrez pas trop, notamment au niveau des jambes.
- Les fabricants d'articles de puériculture proposent aujourd'hui de nombreuses couvertures spéciales emmaillotage. Mais un lange classique fait parfaitement l'affaire.
- Emmaillotez Bébé uniquement pour dormir la nuit : la journée (ou pour la sieste), il doit rester libre de ses mouvements.
- Évitez de l'emmailloter s'il fait vraiment très chaud.
- Pour réussir le « sevrage », désemmaillotez progressivement votre bébé : la première nuit, laissez un bras libre, la nuit suivante, le second, etc.

52 *Quelles sont les autres astuces qui marchent vraiment pour aider Bébé à s'endormir ?*

Chaque parent a ses astuces pour endormir son bébé. Des plus classiques aux plus originales (voire aux plus loufoques), voici un petit panel de techniques à tester.

- **Quelques gouttes de fleur d'oranger** dans son biberon du soir. Cette eau florale a des propriétés apaisantes, et le goût légèrement différent du lait permet à Bébé de comprendre que c'est le soir et pas la nuit.
- **Lui faire faire un tour de poussette** (dans la maison), voire lui faire faire le tour du quartier en voiture ! Les bébés adorent en effet la sensation d'être ballottés, comme dans le ventre

de maman. Mais attention lors du transfert dans le lit ou le berceau !

- **Déposer près de son lit un réveil « à l'ancienne »** faisant tic-tac peut aussi avoir un effet rassurant : le bruit rappelle les battements du cœur maternel...
- Des parents australiens ont, eux, trouvé une technique infaillible pour endormir leur bébé de 3 mois en quelques secondes seulement : **ils lui effleurent doucement le visage**, de haut en bas, avec un simple mouchoir en papier déplié. Résultat garanti ! La vidéo a largement circulé sur Internet, avec près de 8 millions de vues. Malheureusement, rien ne dit que cela fonctionne sur tous les bébés...
  Pour regarder la vidéo : https://www.youtube.com/watch?v=Bmf7IUHa18E

L'avis des parents

« Pour endormir mon fils, je dansais le tango ou la valse avec lui. C'était imparable et c'était mieux pour moi que de faire les cent pas en pliant les genoux à chaque pas comme le faisait Tristan, son papa... J'ai une amie qui est devenue maman cet été, elle mettait son fils en écharpe et s'asseyait sur un gros ballon de gym : elle faisait des petits rebonds tout doux. Ça marchait super-bien pour son fils ! »
Amélie, maman d'Augustin

4

Les règles d'or pour assurer son confort et sa sécurité

La sécurité de Bébé pendant son sommeil est un point important à prendre en compte pour éviter les accidents malheureux. Position de couchage, température de la chambre, habillement… Voici les réponses aux principales questions que vous vous posez sur ce sujet.

53 *Faut-il coucher Bébé sur le dos ou sur le ventre ?*

Dans les années 1970, on conseillait aux jeunes parents de coucher leur bébé sur le ventre afin d'éviter qu'ils ne s'étouffent en cas de vomissements. Depuis les années 1990, les recommandations officielles préconisent l'inverse : la position sur le dos limiterait le risque de mort subite du nourrisson. Sur le dos en effet, les tout-petits régulent mieux leur température et respirent mieux. Cela permet aussi d'éviter tout risque d'asphyxie (par exemple si Bébé enfouit son nez dans le matelas).

NON AU CALE-BÉBÉ !

Le cale-bébé est un équipement qui permet de maintenir le bébé sur le dos pendant son sommeil grâce à deux rouleaux ajustables sur les côtés. Il est donc censé assurer une meilleure sécurité aux bébés. Ce qui serait faux ! Selon les Centres de référence de la mort subite du nourrisson au CHRU de Montpellier et à l'hôpital Antoine Béclère de Clamart, il est déconseillé car il augmente les risques d'étouffement si le bébé glisse et se retrouve avec le visage contre les coussins.

54 *Comment s'assurer qu'il est en sécurité dans son lit ?*

Le lit et la chambre de Bébé doivent être des espaces parfaitement sûrs car votre tout-petit va y passer une grande partie de son temps (et que vous n'aurez pas toujours les yeux rivés sur lui, en particulier la nuit). Voici les principales règles à adopter pour éviter tout accident.

Dans son lit

- Évitez **les oreillers, les couvertures, les couettes, les draps**… au moins jusqu'à l'âge de 12 ou 18 mois. Optez simplement pour une gigoteuse ou turbulette.
- Choisissez une turbulette **adaptée à la taille de votre bébé**. Si vous en prenez une trop grande, Bébé pourrait glisser. Trop petite, elle l'empêcherait de bouger. Sachez que certains modèles sont évolutifs grâce à des systèmes de pression ou de fermeture Éclair.

- **Ne le couvrez pas trop.** Adaptez ses vêtements (pyjama et turbulette) à la température de la pièce. Voir nos conseils p. 120.
- Évitez de transformer son lit en parc d'attractions en **accumulant les peluches**. Un seul doudou pour dormir, ça suffit. Et encore, votre enfant n'en aura vraiment besoin qu'à partir de 8 mois.

UN TOUR DE LIT… OU PAS ?

L'utilité du tour de lit est controversée. Pour certains, il permet d'éviter à Bébé de se cogner contre les barreaux de son lit et il a des vertus rassurantes car il l'isole du monde extérieur. Pour d'autres, il est dangereux car le bébé peut s'y enfouir le visage et avoir du mal à respirer. De plus, cela bloque son regard et l'empêche de voir ce qui se passe autour de lui.
Si vous avez décidé de poser un tour de lit, il est donc essentiel de suivre ces quelques règles pour assurer sa sécurité et son bien-être :
Préférez les tours de lit qui ne font **pas le tour complet du lit**, afin de laisser un champ de vision libre à votre bébé.
Préférez les tours de lit **en tissu fin**, afin de favoriser la bonne circulation de l'air.
Vérifiez très régulièrement que **les attaches sont bien fixées**. Les liens doivent toujours être à l'extérieur du lit. Et le bas du tour de lit coincé dans le matelas.
Pensez à **le laver régulièrement**.
Dès que votre enfant commence à s'intéresser vraiment à ce qui se passe autour de lui, **enlevez-le**. L'âge idéal : vers 7-8 mois.

Dans sa chambre

- **Ne surchauffez pas trop la pièce :** la température idéale doit se situer entre 18 °C et 20 °C. La meilleure solution pour la contrôler est d'y installer un thermomètre. Cela vous paraît un peu frisquet ? Sachez qu'un tout-petit dormira toujours mieux dans une pièce fraîche avec une turbulette un peu chaude (voir p. 121) que dans une pièce surchauffée.
- **Pensez également à contrôler le taux d'humidité de sa chambre :** important pour minimiser les risques d'allergie et les problèmes respiratoires. Le taux idéal se situe autour de 40 % (vous pouvez le mesurer avec un petit appareil appelé hygromètre). Si la pièce est trop humide, installez un déshumidificateur. Dans le cas contraire, utilisez un humidificateur.
- **Aérez la chambre de votre bébé chaque jour**, été comme hiver, pendant au moins 15 minutes. C'est essentiel pour renouveler l'air, évacuer toutes les substances toxiques accumulées à l'intérieur et éviter les moisissures. Et ne fumez jamais dans la chambre de votre enfant !
- **Ne laissez pas le chien ou le chat entrer** dans la chambre quand votre enfant y dort. Ni d'ailleurs quand il n'y est pas !

55 *Comment être sûr qu'il n'a pas trop chaud ou trop froid ?*

Pour bien dormir, les bébés (tout comme les adultes d'ailleurs) ne doivent pas avoir trop chaud ni trop froid. Assurez-vous tout d'abord que sa chambre est à la bonne température (voir ci-dessus), et adoptez une turbulette adaptée à la température de la pièce. Ne vous fiez pas seulement à l'épaisseur du tissu car certaines gigoteuses très fines sont très isolantes. Pour vous aider à choisir, fiez-vous à l'indice TOG qui mesure l'isolation thermique du vêtement. Plus il est élevé, plus la turbulette est chaude. Le TOG doit être choisi en fonction de la température de la pièce, mais aussi de la façon dont le bébé est habillé.

Température de la chambre	***TOG***	***Habillement du bébé (en plus de la turbulette)***
16 à 19 °C	3	Body à manches longues et pyjama
19 à 22 °C	2	Body à manches longues + éventuellement pyjama (en fonction de la température)
+ de 22 °C	0,5 ou 1	Body à manches courtes ou longues (en fonction de la température)

LES BONS RÉFLEXES POUR L'AIDER À BIEN DORMIR EN CAS DE CANICULE

Quand il fait très chaud, il est difficile de trouver le sommeil. C'est valable aussi pour les tout-petits qui supportent encore plus mal que les adultes les grandes différences de température. Voici quelques conseils utiles pour les aider.

- Le soir, faites-lui prendre **un bain légèrement plus frais que d'habitude** (environ 35 °C, contre 37 °C habituellement) : cela va l'aider à mieux s'endormir. Évitez absolument les bains trop froids, car c'est le choc thermique assuré. Donnez-lui ce bain juste avant le coucher, et ne le séchez pas complètement car en s'évaporant, l'eau va continuer à refroidir son corps.
- Utilisez **un brumisateur** et pulvérisez l'eau sur son corps (plutôt que sur sa tête). Ou bien passez-lui un gant de toilette humidifié.
- Veillez à **rafraîchir sa chambre** avant de le coucher. La journée, laissez les fenêtres et les volets fermés : c'est la meilleure façon de garder la pièce fraîche. Si la température baisse

légèrement en fin de journée, n'hésitez pas, au contraire, à faire entrer un peu d'air plus frais.

- **Évitez de laisser fonctionner un ventilateur toute la nuit,** même à faible puissance : votre enfant pourrait s'enrhumer à cause des courants d'air. Si vous avez une climatisation, ne la réglez pas trop bas et contrôlez bien le taux d'humidité de sa chambre (car la climatisation assèche l'air).
- Ne faites **pas chauffer son dernier biberon** de la journée, mais donnez-lui à température ambiante (et non froid).
- Oubliez le pyjama et la turbulette, et **faites-le dormir avec un body en coton à manches courtes** qui permettra d'absorber la transpiration. Ne le laissez pas seulement vêtu de sa couche, car il pourrait prendre froid pendant la nuit.
- Dans la nuit, n'hésitez pas à vérifier qu'il n'a pas trop chaud. Si la canicule est vraiment forte, **réveillez-le pour lui faire boire un peu d'eau** à température ambiante.

56 *Mon enfant ronfle en dormant : faut-il s'inquiéter ?*

Très souvent, lorsqu'ils sont enrhumés, les bébés se mettent à ronfler pendant leur sommeil. Ce phénomène peut paraître étrange chez les tout-petits, mais il est tout à fait banal et transitoire. Avant le coucher, pensez à bien lui nettoyer le nez afin qu'il puisse mieux respirer. En revanche, **si le ronflement n'est pas lié à un rhume et que votre bébé ronfle intensément, il faut être vigilant**. En effet, il signifie qu'il y a une obstruction des voies aériennes supérieures. Cela peut entraîner une apnée du sommeil (voir aussi p. 124) et donc une mauvaise oxygénation, qui peut avoir des conséquences sur la santé du bébé.

Les bons réflexes pour reconnaître un ronflement pathologique :

- Tendez l'oreille. Le ronflement est pathologique si vous l'entendez derrière une porte fermée. Si vous entendez simplement votre bébé respirer bruyamment lorsqu'il est dans son lit, ce n'est pas inquiétant.
- Observez votre bébé pendant la nuit. Si ses ronflements sont accompagnés d'une agitation intense, si votre enfant bave beaucoup ou s'il dort avec la tête en hyperextension, il faut également consulter.
- Observez aussi votre bébé en phase d'éveil. S'il est très fatigué, somnole, se montre irritable, c'est peut-être le signe qu'il a passé une mauvaise nuit à cause de ses problèmes de respiration. Si, lorsque vous lui donnez son repas, vous constatez qu'il a du mal à avaler les morceaux un peu plus gros, cela peut aussi être un signe.

Si vous constatez un ou plusieurs de ces signes, consultez sans tarder. Si nécessaire, votre pédiatre vous orientera ensuite vers un médecin spécialisé (ORL). Dans la grande majorité des cas, ces difficultés peuvent être liées à une hypertrophie des amygdales ou des végétations. Leur ablation sera donc envisagée.

LES PROBLÈMES RESPIRATOIRES PENDANT LE SOMMEIL À L'ORIGINE DE TROUBLES DU COMPORTEMENT

Une étude britannique menée auprès de 11 000 enfants a montré que les enfants qui respiraient mal pendant la nuit avaient plus de risques (près de 1 sur 5) de souffrir de problèmes d'hyperactivité, d'agressivité ou de troubles de la concentration en grandissant. Selon les chercheurs, l'hyperactivité peut être une réaction de l'enfant afin de vaincre la somnolence engendrée par un sommeil de mauvaise qualité. Alors que les adultes bâillent, les enfants s'agitent. La respiration segmentée a aussi pour effet de priver le cerveau d'une partie de l'oxygène nécessaire à son bon développement, en particulier lors de la période clé de l'apprentissage de la conduite sociale et de la régulation des émotions.

57 *Les bébés peuvent-ils avoir des apnées du sommeil ?*

Les adultes ne sont pas les seuls à être concernés par les apnées du sommeil. Les tout-petits aussi peuvent cesser de respirer pendant quelques secondes lorsqu'ils dorment. Ce trouble se caractérise par l'obstruction partielle ou complète des voies respiratoires pendant le sommeil. Ce phénomène est le plus souvent dû à un gonflement des amygdales et des végétations (75 % des cas), une anomalie maxillo-faciale, une maladie neuromusculaire, un stridor congénital (voir p. 56), un asthme aigu… Les bébés nés prématurément sont aussi plus souvent concernés. C'est un trouble à **ne pas négliger car il peut entraîner des retards dans la**

croissance de l'enfant et dans son développement intellectuel, des problèmes de santé plus généraux (problèmes cardiaques, obésité...), une fatigue chronique, des troubles de l'humeur, une hyperactivité... C'est ce que l'on appelle le SAOS (syndrome d'apnée obstructive du sommeil). Si les apnées sont fréquentes, elles augmentent également le risque de mort subite du nourrisson (voir p. 126).

Observez votre enfant et **soyez attentif à ces signes** :
La journée :

- Il manifeste une certaine agressivité, ou des troubles du comportement.
- Il souffre d'hyperactivité.
- Il a fréquemment des rhino-pharyngites ou des otites.
- Un retard de croissance staturopondéral est constaté.
- Il souffre de maux de tête matinaux.
- Il somnole pendant la journée.
- Ses performances scolaires sont en baisse.

La nuit :

- Il ronfle.
- Sa poitrine se soulève mais vous n'entendez pas le bruit de sa respiration. Cela dure plusieurs secondes puis il semble reprendre son souffle (on parle d'apnée).
- Son sommeil est agité.
- Pendant qu'il dort, il a le cou en hyperextension.
- Il sue beaucoup.
- Il fait pipi au lit, alors qu'il ne l'avait jamais fait avant.

Au moindre doute, **parlez-en avec votre pédiatre** : il pourra vous orienter vers un spécialiste, par exemple un ORL. Plusieurs traitements peuvent être envisagés : retrait des amygdales, opération de chirurgie réparatrice des anomalies maxillo-faciales...

58 *Comment éviter la mort subite du nourrisson ?*

Comme son nom l'indique, le syndrome de la mort subite du nourrisson (MSN) ou de mort inattendue du nourrisson (MIN) désigne la mort « imprévue » d'un bébé en apparente bonne santé pendant son sommeil (entre 2 et 4 mois le plus souvent). Le bébé cesse tout simplement de respirer, sans cause apparente. Ce syndrome s'apparenterait à une défaillance des fonctions vitales au cours d'un sommeil très profond. Bien que l'on ne connaisse pas encore les causes exactes de ce phénomène, trois facteurs semblent être en cause : un terrain prédisposé en raison d'une grande prématurité, un faible poids de naissance ou une prédisposition génétique. Le nourrisson en pause respiratoire dormirait trop profondément pour se réveiller, et cela serait favorisé par un environnement à risque : une mauvaise structure de couchage, une chambre surchauffée, des couvertures favorisant l'enfouissement, un tabagisme passif...

Certaines mesures de précaution sont indispensables pour limiter les risques.

- Couchez toujours votre bébé **sur le dos** (sauf indication médicale contraire). L'incidence de la mort subite a considérablement diminué depuis que les recommandations officielles préconisent cette position. Les morts subites sont passées en France de 1 500 en 1980 à 250 en 2005.
- Veillez à ce que **son matelas soit bien ferme** et adapté à la taille de son lit. Attention en particulier aux lits parapluie dans lesquels on a souvent tendance à ajouter un matelas supplémentaire dont la taille n'est pas forcément adaptée. Même si le matelas fourni avec le lit vous paraît inconfortable, il est déconseillé de le changer.

- Faites dormir votre bébé dans une turbulette. **Pas d'oreiller, de drap ou de couette.** Prudence aussi avec les doudous et les peluches dans le lit : un seul suffit. Évitez aussi **les tours de lit trop épais** ou qui font le tour complet du lit : cela empêche l'air de circuler correctement.
- Surveillez la **température de la chambre**. Elle ne doit pas dépasser 18 à 20 °C.
- **Ne fumez jamais dans la chambre de votre bébé**. Et de manière plus générale, dans toute la maison.
- **Aérez régulièrement sa chambre**, chaque jour pendant au moins 15 minutes.
- **L'allaitement** peut aussi être un facteur de protection.
- **Donner une tétine à son enfant** peut également être une bonne solution. L'Académie américaine de pédiatrie recommande même son usage pour limiter les risques de MSN, en complément des recommandations habituelles, pour les bébés entre 1 mois et 1 an.

Pour en savoir plus, téléchargez la brochure « Mort inattendue du nourrisson : comment limiter les risques », éditée par le Centre de référence de la mort subite du nourrisson au CHRU de Montpellier. Elle est téléchargeable gratuitement à l'adresse suivante : http://wwwold.chu-montpellier.fr/publication/inter_pub/R527/A8573/prevention-msn.pdf

LA MORT SUBITE DU NOURRISSON LIÉE À UN DYSFONCTIONNEMENT DANS L'OREILLE INTERNE ?

Daniel Rubens, un chercheur américain qui travaille sur le sujet depuis plus de dix ans, a récemment découvert qu'un dysfonctionnement de l'oreille interne chez le nourrisson pourrait être lié à ces morts inexpliquées. Selon lui, ce problème empêcherait le bébé de changer de position lorsqu'il aurait des problèmes pour respirer, et entraînerait l'asphyxie. Son étude doit être approfondie mais c'est une piste sérieuse pour mieux comprendre ce phénomène. Le chercheur envisage même la mise au point d'un test de détection dès la maternité, afin de mettre en place un suivi adapté de ces nouveau-nés.

5

Et les parents dans tout ça ?

Si la question du sommeil de Bébé est préoccupante pour les jeunes parents, c'est aussi parce que la qualité de leur sommeil à eux est en jeu. L'arrivée d'un bébé bouscule en effet des habitudes de sommeil bien ancrées depuis des années, et il n'est pas rare que les parents aient du mal à supporter ces nouveaux rythmes. Il existe heureusement quelques clés pour mieux gérer cette période.

59 *Comment survivre aux nuits sans sommeil ?*

Tous les jeunes parents le disent : ce n'est qu'à la naissance de leur premier enfant qu'ils se sont rendu compte de l'importance du sommeil – et surtout de la privation de sommeil – dans leur vie quotidienne. Pour ne pas craquer, il est indispensable d'adopter quelques bons réflexes.

- **Dormez quand votre bébé dort.** Peu importe qu'il soit 11 heures du matin ou 5 heures de l'après-midi ! En semaine (si vous n'avez pas repris le travail) ou le week-end, c'est une bonne occasion pour récupérer quelques heures de sommeil. Et cela doit être votre priorité pour réussir à tenir ! Les courses, les tâches ménagères et autres contraintes peuvent attendre…

- **Organisez-vous avec le papa** pour que vous ne vous leviez pas tous les deux toutes les nuits (si vous n'allaitez pas bien sûr), et donc pour alterner les tours de garde. S'il est en congé paternité, vous pouvez assurer chacun une nuit sur deux. S'il a repris le travail, vous pouvez vous lever la semaine et lui, le week-end.
- **Couchez-vous plus tôt.** De toute façon, vous n'arriverez pas à lutter contre le sommeil après 22 heures. Les soirées cinéma, les dîners entre amis jusqu'à des heures tardives… tout cela attendra encore un peu.
- Si vous êtes vraiment épuisés, **dormez à l'extérieur pour une nuit**, pendant que votre conjoint s'occupe du bébé : chez un(e) ami(e), chez vos parents… Il suffit parfois d'une seule nuit pour retrouver son énergie. Bien sûr, c'est à charge de revanche.
- Ou alors **faites dormir votre bébé à l'extérieur**. Les grands-parents sont souvent ravis d'accueillir leur petit-fils ou leur petite fille pour un jour ou deux. Ils survivront sans peine à une nuit sans sommeil, et vous pourrez enfin faire une nuit complète, voire une grasse matinée. Le rêve !
- Vous pouvez aussi **prendre une baby-sitter de nuit** de temps en temps, si vous en avez les moyens bien sûr…

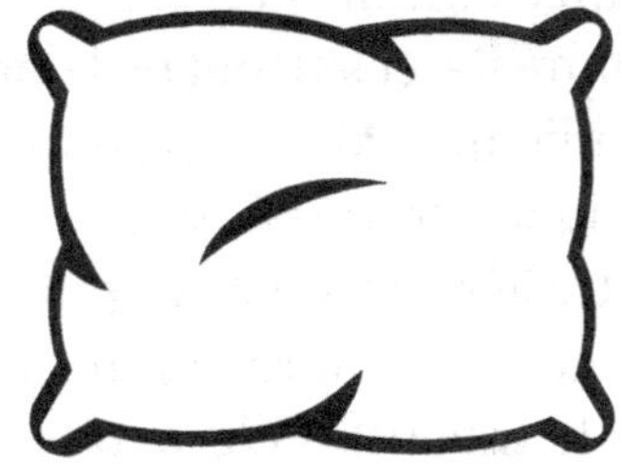

LES PLEURS DE BÉBÉ LA NUIT : LA CAUSE DE PRÈS D'UN DIVORCE SUR TROIS !

Selon un sondage réalisé par la chaîne britannique Channel 4 via l'émission *Bedtime Live* en 2013, les pleurs de Bébé et le manque de sommeil qui s'ensuit auraient été le point de départ des problèmes conjugaux qui ont amené au divorce, pour environ 30 % des divorcés interrogés. Les personnes sondées n'ont pas hésité à dévoiler certaines de leurs astuces pour préserver la qualité de leur sommeil malgré tout : faire semblant de dormir pour que l'autre se lève, fermer la porte pour ne rien entendre, allumer la télévision pour couvrir les pleurs (en attendant que cela s'arrête)...

60 *Pourquoi les papas entendent-ils beaucoup moins souvent les bébés pleurer que les mamans ?*

Ce n'est pas une idée reçue mais un fait incontestable : quand Bébé pleure, les mamans sont bien plus promptes à se lever que les papas qui, souvent, ne se réveillent même pas (voir l'encadré ci-après) ! Est-ce dû à la mauvaise volonté ou existe-t-il des explications scientifiques ? Voici quelques infos utiles pour approfondir le sujet… et entamer la discussion avec votre conjoint !

- **Les hommes auraient une ouïe beaucoup moins performante que celle des femmes.** Non seulement ils seraient moins sensibles aux sons aigus (et donc aux pleurs des bébés), mais en plus, ils n'écouteraient qu'avec une partie de leur cerveau. Alors que les femmes, elles, utiliseraient leurs deux hémisphères. Elles seraient donc non seulement capables d'entendre les pleurs nocturnes de leur bébé mais aussi d'analyser, en même temps, la signification de ces pleurs (Bébé pleure parce qu'il a faim, parce qu'il a envie d'un câlin…).

LES HOMMES PLUS SENSIBLES AUX MOUCHES QUI VOLENT QU'AUX PLEURS DE BÉBÉ LA NUIT ?

Le neuropsychologue David Lewis a montré que si la cause n° 1 de réveil chez les femmes, ce sont les pleurs de Bébé, il n'en est pas du tout de même chez les hommes. Cette raison ne figure même pas dans leur top 10 ! Eux seraient plus susceptibles de se faire réveiller par une alarme, un vent fort, une mouche qui vole, des ronflements, les criquets ou encore les tic-tac d'une horloge. Le spécialiste avance que cette différence s'explique par l'évolution : les femmes sont plus sensibles aux sons associés avec une éventuelle menace pour leurs enfants. Alors que les hommes repèrent mieux les événements qui pourraient menacer leur famille entière. Si une invasion de mouches mutantes menace la maisonnée, faites-leur confiance : ils seront sur le qui-vive !

- Mais attention, **la responsabilité des mamans n'est pas non plus totalement à écarter !** Les mères seraient en effet plus rapides à se lever en cas de pleurs, qu'elles interprètent souvent comme de la souffrance. Cela s'explique en partie par le lien très fort qui unit la maman à son bébé dès la grossesse, et se transforme en culpabilité et en possessivité à la naissance. Si, dans ce couple à trois, le papa ne trouve pas sa place, il peut avoir tendance à démissionner… et à rester profondément endormi quand Bébé se réveille. Il sait que la maman assure, et qu'elle ne veut en aucun cas, même si c'est de manière inconsciente, lui céder sa place.

Conclusion : ces explications ne signifient pas que laisser la maman se lever la nuit est normal car le papa n'y peut rien s'il n'entend rien (ce qui d'ailleurs n'est pas le cas dans tous les couples). Bien au contraire ! Assurer à tour de rôle, c'est une condition essentielle pour le bien-être de tous. Avis aux jeunes mamans : quand Bébé pleure, vous avez parfaitement le droit de réveiller votre compagnon, s'il ne le fait pas de lui-même, pour lui dire « c'est ton tour ! ». N'hésitez pas.

L'avis des parents

« Le lendemain matin de notre retour de la maternité, le papa de Luna s'est réveillé en panique et s'est précipité sur le couffin pour voir s'il y avait toujours un bébé dedans. Je lui ai dit ironiquement : "Ta fille est formidable, elle fait déjà ses nuits !" Et il m'a crue. C'est un fait, il ne se réveille quasiment jamais la nuit… Y compris cette nuit ! »
Anne, maman de Luna

61 *Quel doit être le rôle du papa dans la gestion du sommeil de Bébé ?*

Le rôle du papa est essentiel dans le sommeil de Bébé. Il joue ce que l'on appelle le rôle de **« tiers séparateur »**. En clair, il empêche la fusion entre la mère et son bébé, et aide les deux parties à se séparer l'une de l'autre, préalable essentiel à un sommeil serein. Voilà pourquoi, dans les familles monoparentales (mamans célibataires), les bébés souffrent davantage de problèmes de sommeil car ce rôle de tiers n'est pas assuré.

En pratique, si le bébé a été habitué à ce que sa maman débarque quand il pleure, le fait que le papa se lève plus souvent peut être un bon moyen pour arrêter cette spirale infernale. Mais pour cela, il faut aussi que la maman accepte de passer la main ! Essayez cette technique toute simple avec votre bébé : quand il se réveille en pleurs la nuit, le papa se lève et la maman n'intervient pas. Après plusieurs nuits, les réveils nocturnes de Bébé devraient être moins fréquents...

62 *Parler à mon pédiatre du sommeil de mon bébé, à quoi ça va servir ?*

Le pédiatre n'est pas seulement chargé de guérir les petits bobos de Bébé. Ou de détecter certains problèmes de santé qui peuvent être à l'origine de ses problèmes de sommeil. Son rôle est aussi plus large : il est là pour vous écouter, vous et votre enfant, et pour vous conseiller.

- **En parlant à l'enfant**, en lui expliquant les choses avec des mots simples mais avec un ton un plus détaché que celui des parents, le pédiatre peut lui faire comprendre beaucoup de choses, même s'il est tout petit. Lui ne prendra pas de pincettes pour mettre les choses au clair, et cela peut avoir des résultats tout à fait surprenants.
- **En vous écoutant,** il peut aussi se faire une idée plus précise du problème. Il apporte son regard extérieur et vous amène à vous poser les bonnes questions. Son regard objectif permet souvent d'avancer : si votre bébé se réveille plusieurs fois pendant la nuit, c'est peut-être parce que vous vous montrez trop angoissés vis-à-vis de sa sécurité ? Votre enfant vous réveille alors pour vous signifier que tout va bien, et que vous pouvez dormir tranquille...

L'avis des parents

« Depuis la rentrée, ma fille de 2 ans et demi se réveille quasiment toutes les nuits, et parfois deux fois par nuit, et me réclame. Elle veut venir dans notre lit. On cède à chaque fois car on a envie de dormir et parce que, dans notre lit, elle se rendort en deux secondes. Je suis sûre que c'est lié aux changements à la crèche : depuis la rentrée, toute l'équipe a changé et c'est un peu compliqué pour les enfants. Presque tous les parents ont le même souci. Théa nous avait fait la même chose à partir de 18 mois environ : elle se réveillait toutes les nuits et réclamait un biberon. On avait tout essayé : lui donner le biberon, ne pas lui donner, lui donner des doses plus petites... Mais rien n'y faisait : elle continuait de se réveiller la nuit. Jusqu'au moment où notre pédiatre lui a parlé. Elle lui a expliqué qu'elle était une grande fille maintenant, et que la nuit il fallait dormir et ne pas réveiller ses parents. Cela avait été efficace très rapidement. Je suis persuadée que l'intervention d'une tierce personne peut aider à régler le problème. Je vais en parler à nouveau à ma pédiatre. »
Karine, maman de Théa

PARTIE 3

10 mois-3 ans : le sommeil, un apprentissage qui se poursuit

Votre enfant fait maintenant ses nuits (en théorie, même si certains ne les font toujours pas, voir p. 140), et vous pensez en avoir fini avec les problèmes de sommeil. Que nenni ! Les grands apprentissages qui commencent à partir de 10-12 mois (séparation, langage, marche…) peuvent avoir des répercussions importantes sur les nuits de votre enfant. Cette période, jusqu'à l'entrée à l'école, s'annonce donc comme l'une des plus agitées !

1

L'évolution du sommeil de Bébé

Si le sommeil de votre enfant est maintenant bien structuré, il continue d'évoluer. Sa durée totale diminue petit à petit, les siestes aussi se réduisent…

63 *De combien d'heures de sommeil un bébé a-t-il besoin après 10 mois ?*

Les besoins de sommeil des tout-petits continuent à diminuer progressivement après 10 mois.

- **Jusqu'à 12 mois :** 14 à 15 heures de sommeil total, dont 3 à 4 heures de sieste pendant la journée, réparties en deux fois.
- **Entre 12 et 24 mois :** 13 à 14 heures de sommeil total, dont une sieste de 2 heures, voire un peu plus.
- **Entre 24 et 36 mois :** 13 heures de sommeil total, dont une sieste de 1 h 30 à 2 heures en moyenne en tout début d'après-midi.

Mais tous les enfants sont différents, et certains ont besoin de plus de sommeil que d'autres. Le plus important est de savoir repérer les signes de fatigue et de manque de sommeil chez son enfant. À cet âge, ils sont à peu près les mêmes que ceux des plus petits (voir aussi p. 76).

MANQUE DE SOMMEIL ET HYPERACTIVITÉ

Selon le psychiatre américain Vatsal G. Thakkar*, un enfant sur trois diagnostiqués hyperactifs serait en réalité en manque de sommeil. D'origine neurobiologique, ce trouble serait en effet dû à un dysfonctionnement des neuromédiateurs, notamment de la noradrénaline et de la dopamine. D'éventuels troubles du sommeil (apnée du sommeil, ronflements, syndrome des jambes sans repos...) sont susceptibles d'entraîner une fragmentation du sommeil lent profond, et de provoquer ensuite des troubles de l'attention.

64 *À 1 ou 2 ans, mon enfant ne fait toujours pas ses nuits : que faire ?*

Votre bébé est maintenant grand et, malgré tous vos espoirs, il ne fait toujours pas ses nuits. Résultat : vous êtes épuisés, sur les nerfs, et vous ne savez plus quelle est la bonne stratégie à adopter. Histoires, doudous, petite lumière, câlins, porte entrouverte... vous avez tout essayé, en vain.

À noter : très souvent, les parents se plaignent que leur enfant ne fait pas ses nuits. Quand on les interroge un peu plus, on se

* *"Diagnosing the wrong deficit"*, *The New York Times*, April 27, 2013.

rend compte que, en réalité, l'enfant se réveille deux ou trois fois dans la semaine, ou bien simplement qu'il se lève un peu trop tôt le matin à leur goût, ce qui les empêche, eux, de faire leurs nuits. Avant de s'inquiéter, il est donc important de clarifier la situation et de relativiser !

S'il ne les a jamais faites

Un enfant qui n'a jamais passé une nuit complète sans se réveiller et pleurer est un enfant qui a pris de mauvaises habitudes. Il n'a jamais appris à se rendormir seul (voir p. 88) et sa seule solution, quand il se réveille, est de vous réveiller vous aussi. Mais sachez qu'il n'est pas trop tard pour mettre en place de bonnes habitudes. Vous avez sans doute déjà essayé pas mal de choses, mais vous n'avez peut-être pas mis les choses dans le bon ordre. Parlez-en avec votre pédiatre qui pourra vous conseiller et vous aider. Ces troubles du sommeil ont probablement des raisons que vous n'avez pas encore clairement identifiées : une difficulté à vous éloigner de votre enfant, une séparation des parents…

S'il a fait ses nuits mais ne les fait plus

De nombreuses causes peuvent expliquer le fait que votre enfant ne fasse plus ses nuits : un déménagement, une entrée en crèche… Elles sont les mêmes que celles de la période précédente (avant 9 mois, voir p. 101). Mais un autre facteur s'ajoute : dans cette période d'âge (10 mois-3 ans), il n'est pas rare que la famille s'agrandisse, avec l'arrivée d'un autre bébé. Pour votre enfant, c'est un grand changement à gérer. Il peut se sentir abandonné, mis à l'écart car vous vous occupez beaucoup du nouveau-né, jour… et nuit. Pourquoi ne se réveillerait-il pas lui aussi, à nouveau, pour profiter de vos câlins ? Sans compter que votre aîné peut ressentir vos différentes angoisses liées à l'arrivée de ce deuxième enfant (vais-je l'aimer autant que le premier ?). Et cela peut également avoir des répercussions sur la qualité de son sommeil.

Le conseil en + de la pédiatre

Pendant cette période (10 mois-3 ans), votre enfant réalise aussi de nombreux apprentissages : marche, langage, propreté... Pour lui, ce sont de grands changements sur la voie de l'autonomie, et cela peut avoir des répercussions sur son sommeil.

DES CYCLES DE SOMMEIL PLUS LONGS

À partir de 1 an, le rythme jour/nuit est normalement bien installé. La durée d'un cycle de sommeil s'allonge et atteint environ 90 à 120 minutes vers 3 ans. Le sommeil lent profond est plus long (il représente un peu plus d'un tiers de la durée totale du sommeil), surtout en début de nuit. Le temps de sommeil paradoxal, lui, diminue pour atteindre celui de l'adulte. Il est surtout présent en fin de nuit. L'enfant peut continuer à se réveiller quatre à cinq fois par nuit mais dans la plupart des cas, heureusement, il sait se rendormir seul.

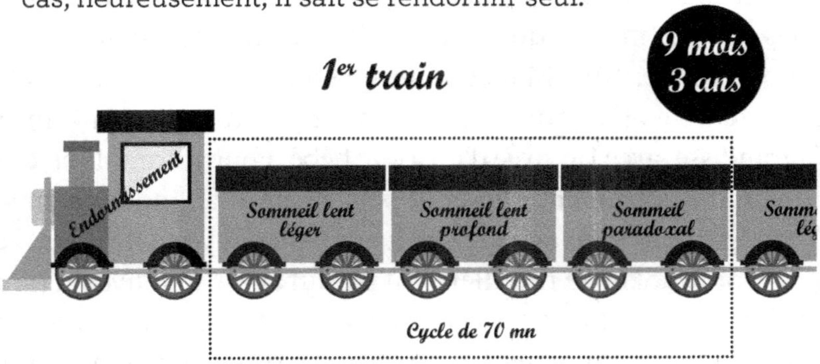

Les différentes phases d'un cycle de sommeil entre 9 mois et 3 ans

65 *Jusqu'à quel âge doit-il faire la sieste ?*

Pour bien grandir, un enfant doit dormir plus qu'un adulte (voir les bons repères p. 139). Jusqu'à 3 ans, la plupart des enfants ont besoin d'un temps de repos dans la journée. Ils sont en effet en plein apprentissage (de l'autonomie, de la marche, du langage…) et cela les fatigue beaucoup.
En moyenne :

- **la sieste du matin disparaît vers 18 mois.**
- **la sieste du début d'après-midi, elle, peut perdurer après l'entrée à l'école**, en petite section, voire parfois en moyenne section. Puis elle disparaît totalement entre 4 et 6 ans (même si certains enfants continuent à aimer dormir en journée pendant les vacances, le week-end…).

Mais tous les enfants sont différents et certains petits dormeurs peuvent sans problème faire une journée de 12 heures d'affilée sans avoir besoin de sieste.

Le conseil en + de la pédiatre

Vers 2 ans, il peut exister une corrélation négative entre la durée de sommeil diurne et celle du sommeil nocturne. En clair, quand l'enfant dort pendant la journée, il dort moins la nuit ou refuse de se coucher le soir, se réveille plusieurs fois… Chez ces enfants, il faut parfois réorganiser les siestes : supprimer celle du matin si ce n'est pas encore fait, avancer la sieste de la mi-journée, réduire sa durée… Très souvent, de simples petits ajustements peuvent permettre de régler les difficultés d'endormissement ou les réveils nocturnes.

66 *Que faire s'il ne fait plus la sieste ?*

Si votre enfant refuse de faire la sieste, cela ne sert à rien de le forcer. Le lit, et encore moins la sieste, ne doit devenir un lieu ou un moment de punition. En revanche, vous pouvez **remplacer la sieste par un « moment calme »**. Cela peut être dans son lit, dans le canapé du salon… Tamisez l'atmosphère, demandez-lui de s'allonger, donnez-lui des livres qu'il peut lire seul ou un jouet… Le plus important est qu'il fasse un petit break et qu'il ne soit pas agité toute la journée. Les jours où il sera fatigué, peut-être réussira-t-il à s'endormir…

67 *Zapper la sieste l'aidera-t-il à mieux dormir la nuit ?*

Cela dépend en réalité beaucoup des enfants ! Chez certains, l'excès de fatigue en fin de journée due à la suppression de la sieste provoque énervement, excitation, voire agressivité, et a des répercussions négatives sur la qualité du sommeil nocturne. Chez d'autres, au contraire, le fait de ne pas faire la sieste en début d'après-midi va être bénéfique pour le sommeil de la nuit.

Une méta-analyse (étude produite à partir de plusieurs autres études) parue dans la revue *Archives of Disease in Childhood** va dans ce sens. Elle montre que la sieste chez les enfants entre 2 et 5 ans a une influence négative sur la qualité de leur sommeil nocturne : temps d'endormissement allongé, durée de sommeil plus courte, qualité de sommeil moins bonne… **D'où l'importance de décider ou non du maintien de la sieste après 2 ans en fonction**

* K. Thorpe, S. Staton, E. Sawyer, C. Pattinson, C. Haden, S. Smith, *"Napping, development and health from 0 to 5 years: a systematic review"*, *Archives of Disease in Childhood*, 2015.

de chaque enfant, tout en gardant à l'esprit que le sommeil nocturne doit être privilégié au sommeil diurne.

68 *Les enfants rêvent-ils ?*

Si l'on admet que les rêves sont un constituant essentiel du sommeil paradoxal/agité (ils en occupent la dernière partie), les bébés rêveraient beaucoup ! Pourtant, **nous ne savons rien de leurs rêves.** Les nouveau-nés ont des mimiques émotionnelles en sommeil paradoxal qui nous font penser qu'ils rêvent ou sont émus pendant leur sommeil (voir aussi p. 67). Mais ce ne sont que des suppositions. Très peu d'études scientifiques peuvent nous renseigner sur les rêves des enfants.

L'une des rares est celle de David Foulkes qui a analysé 788 rêves de 26 enfants venus dormir dans son laboratoire sur une période de 5 ans. Selon lui, **il est difficile de parler de rêve avant l'âge de 5 ans.** Si on réveille l'enfant de 5 ans en sommeil paradoxal, il est capable de raconter un rêve moins d'une fois sur trois. Son rêve est essentiellement fait d'images statiques, souvent d'animaux et il n'y a pas de participation émotionnelle avant l'âge de 7 ans. Le rêve tel que nous le connaissons n'existerait donc pas chez l'enfant avant 5 ans, lorsque l'enfant a acquis toute la capacité de la pensée symbolique (il faut pouvoir associer aux objets perçus un signe qui leur correspond). Le tout début de cette phase n'apparaît chez l'enfant que vers 18 mois. Et ce n'est que vers 3 ans que l'enfant est capable, parfois, de raconter ce qu'il a « vécu » pendant la nuit…

2

Les bons réflexes à prendre

En matière de sommeil, tout n'est pas encore gagné à cet âge. C'est encore et toujours le bon moment pour donner à votre enfant de bonnes habitudes !

69 *Existe-t-il une heure de coucher idéale ?*

Si l'on en croit les résultats d'une récente étude américaine menée par des chercheurs de l'université du Colorado et publiée dans la revue *Mind, Brain and Education**, la bonne heure pour coucher un enfant serait **entre 19 h 40 et 20 h 10**. Cette heure tiendrait en effet compte de l'horloge biologique des enfants.

Pour déterminer cet horaire, les chercheurs ont suivi 14 enfants de 30 à 36 mois pendant six nuits de suite. Ceux-ci dormaient en moyenne 10 heures et demie par nuit, et faisaient une sieste d'environ 45 minutes dans la journée. Ils ont mesuré **leur taux**

* M. K. LeBourgeois, K. P. Wright Jr, H. B. LeBourgeois, O. G. Jenni, *"Dissonance between parent-selected bedtimes and young children's circadian physiology influences nighttime settling difficulties"*, *Mind, Brain and Education*, 2013.

de mélatonine (l'hormone du sommeil) à divers moments de la soirée et constaté que **c'est à 19 h 40 en moyenne, qu'il était le plus élevé**. En se couchant dans la demi-heure qui suit, l'enfant serait dans les meilleures dispositions pour s'endormir rapidement, à savoir trente minutes maximum. À l'inverse, coucher un enfant avant ce pic de mélatonine a pour effet d'allonger sa durée d'endormissement qui peut, dans certains, atteindre ou dépasser 1 heure. Soit deux fois plus que si vous le couchez juste après le pic de mélatonine.

Le conseil en + de la pédiatre

En pratique, soyez attentif à ses signes de fatigue. Votre enfant a les yeux rouges ou gonflés, se montre agité, ne cesse de grogner et/ou de bâiller ? Pas de doute : c'est le bon moment pour aller le coucher. Ne tardez pas trop car il risque de « passer son heure ».

70 *Faut-il le coucher tous les soirs à la même heure ?*

S'assurer que son enfant dort suffisamment est certes très important pour sa santé et le bon développement de son cerveau, mais cela ne fait pas tout. Il existe en effet un autre point essentiel : le coucher à heure fixe tous les jours de la semaine. Cela doit faire partie de la routine quotidienne. Une étude parue dans la revue américaine *Pediatrics** démontre en effet que **les enfants qui se couchent à des heures irrégulières ont plus de problèmes comportementaux au quotidien** : difficultés à bien gérer ses émotions, tendance à l'hyperactivité… Cela s'expliquerait par le fait que l'irrégularité perturbe les rythmes biologiques qui ont un rôle important sur le développement cérébral. L'étude montre aussi que les effets néfastes se cumulent avec le temps, mais qu'ils sont réversibles. Il n'est donc jamais trop tard pour prendre l'habitude de coucher son enfant à heure fixe !

Le conseil en + de la pédiatre

Dans la pratique, sachez observer votre enfant pour déterminer s'il a ou non son quota de sommeil, s'il est fatigué… Et n'oubliez pas que le principal donneur de temps est le réveil matinal. Vous avez sûrement déjà constaté que les enfants que vous couchez à 20 heures ou à minuit se réveillent tous les matins à la même heure ! Par la force des choses, il faut donc toujours les coucher à la même heure, à une demi-heure ou une heure près grand maximum, pour qu'ils aient leur quota de sommeil. Allons même plus loin : quand un enfant souffre de problèmes de sommeil, la solution consiste à le réveiller tous les matins à la même heure.

* D. Y. Kelly, J. Kelly, B. Eng, A. Sacker, *"Changes in bedtime schedules and behavioral difficulties in 7 year old children"*, *Pediatrics*, 2013.

71 *Comment faire quand le moment du coucher se transforme en bras de fer ?*

De nombreux enfants se « transforment » à l'heure du coucher. Ils crient, pleurent, courent dans tous les sens, et font tout pour retarder au maximum l'heure du coucher, en réclamant (en fonction des âges) encore une histoire ou un autre verre d'eau, ou bien en se relevant plusieurs fois de suite pour aller faire pipi. Bref, le coucher devient un vrai drame !

Quelques pistes efficaces pour en finir avec les crises du soir :

- **Le coucher plus tard.** Peut-être couchez-vous votre enfant trop tôt, et que son horloge biologique lui fait savoir que ce n'est pas encore le bon moment ! (voir p. 147). Conséquence : il fait de la résistance et s'énerve de plus en plus, ce qui a des répercussions sur son endormissement et la qualité de son sommeil. À la longue, l'enfant finit par associer l'heure du coucher avec un état d'excitation, ce qui pourrait même créer des problèmes de sommeil à l'avenir (voir aussi p. 152).
- **Ou le coucher plus tôt !** Très souvent, les enfants expriment leur fatigue par de l'énervement. Si vous le couchez trop tard (21 heures ou plus), le coucher devient plus difficile car votre enfant tient sur les nerfs. Il n'est pas non plus dans de très bonnes dispositions pour aller se coucher !
- **Ralentir progressivement le rythme de la maison** : baissez la lumière, commencez à fermer les volets, rangez les jouets, parlez doucement… Autant de signes qui permettront à votre enfant de comprendre que l'heure du coucher est proche.
- **Ne pas déroger à la règle du petit rituel du soir.** L'idéal est de mettre en place une petite routine très tôt, dès l'âge de 3 mois (voir aussi p. 153), et de la conserver le plus longtemps possible. Le plus important est que vous partagiez un vrai moment avec votre enfant le soir. Même s'il est plus tard que d'habitude,

prenez le temps de la respecter et ne bousculez pas toutes les habitudes.

- **Prévoir au moins 30 minutes de transition** entre le dîner et le rituel du coucher. Votre enfant a besoin de décompresser, mais aussi de digérer, avant d'aller se coucher. Mais si vous voulez respecter l'heure idéale de coucher (voir p. 87), cela impose de dîner très tôt, ce qui n'est pas toujours évident !
- **Être positif.** Restez calme et évitez à tout prix les menaces pour ne pas associer le moment du coucher avec une émotion négative. Au contraire, restez positif et montrez-lui les bons côtés du sommeil afin que le coucher reste un moment agréable : « Tu vas faire de beaux rêves », « Tu vas te reposer pour être en pleine forme demain matin »...
- **Ne pas céder, même une seule fois.** Votre enfant se lève de son lit et vous rejoint dans le salon pour regarder la télévision avec vous ? Soyez ferme et raccompagnez-le dans son lit en lui disant qu'il est l'heure de dormir. Évitez de vous apitoyer sur son sort et faites-lui comprendre qu'il n'a pas le choix. C'est l'heure de se coucher, un point, c'est tout.

L'avis des parents

« Juliette, 3 ans et demi, est une vraie pile électrique dès qu'il s'agit d'aller se coucher. Elle court dans tous les sens, accumule les bêtises... Résultat : on se fâche tous les soirs, et c'est insupportable ! Après plusieurs mois de mise au coin quasi systématique, elle est un peu plus calme maintenant, mais tout n'est pas encore parfait. »
Valérie, maman d'Eva et de Juliette

Le conseil en + de la pédiatre

Ce comportement est très fréquent chez les enfants de 3 ans environ, en pleine phase d'opposition. Il peut aussi refléter un manque de limites. Le sommeil est en effet pour l'enfant un lieu d'expérimentation de sa toute-puissance : il est l'occasion pour lui de voir jusqu'où il peut aller pour obtenir ce qu'il veut de ses parents, et jusqu'où il peut disposer d'eux. En établissant très tôt dans la vie de l'enfant des limites bien précises, notamment concernant le moment et le rituel du coucher, et en s'y tenant, on peut régler tout cela facilement.

72 *Faut-il « forcer » un enfant à dormir ?*

On l'a vu à la question précédente : **si vous couchez votre enfant avant son heure biologique, le coucher risque de se transformer en épreuve** pour vous comme pour lui. Il se met en colère, pleure, grogne, proteste... jusqu'à ce que l'épuisement et le sommeil le gagnent enfin. Ce n'est pas une bonne façon de faire car cela peut engendrer plus tard des problèmes de sommeil, notamment des insomnies. En effet, dès l'âge de 2 ans environ, un enfant que l'on couche trop tôt est capable de comprendre qu'il s'ennuie dans son lit et, petit à petit, il va associer cette période d'endormissement au stress, à l'angoisse, à un moment désagréable. Et il sera d'autant plus anxieux le lendemain au moment de se coucher.

Le conseil en + de la pédiatre

Personne n'a jamais réussi à forcer un enfant à dormir. Alors, inutile d'essayer ! En revanche, forcer son enfant à se réveiller le matin, c'est oui car, rappelons-le, le réveil matinal est un donneur de temps important (voir aussi p. 149) ! C'est même essentiel pour le forcer à adopter le bon rythme.

73 *Comment établir une petite routine du coucher efficace ?*

À chaque famille et chaque enfant son rituel du coucher. Mais il existe quand même quelques règles d'or pour qu'il atteigne son but, à savoir faciliter le coucher de l'enfant.

- **Prenez votre temps**… mais pas trop quand même. Le rituel du soir ne doit pas être expédié en 2 minutes, mais il ne doit pas non plus se prolonger trop longtemps. Fixez-vous une limite de 15 minutes maximum, par exemple.
- **Faites-le évoluer avec l'âge.** Votre enfant grandit chaque jour, et ses besoins changent. Peut-être qu'en grandissant il aura besoin de plus d'histoires et de moins de câlins, qu'il sera plus en demande de dialogue…
- **Prévoyez des activités calmes.** Outre les contraintes pratiques (se laver les dents, mettre son pyjama…), le rituel du coucher doit comprendre des activités calmes comme les berceuses, la lecture… Évitez en revanche toute activité excitante comme une séance de saute-mouton ou un dessin animé à la télévision.

- **Soyez ferme.** Au début, il vous faudra sûrement rappeler chaque soir à votre enfant qu'on se lave les dents avant de se mettre au lit. Persistez sans vous énerver : au bout d'un certain temps, cela deviendra chez lui un automatisme.
- Même si certaines de ses habitudes vous paraissent un peu ridicules ou agaçantes (il vous demande tous les soirs la même histoire), **ne les abandonnez pas**. Votre enfant en a sûrement besoin pour se rassurer, et parfois lui seul sait pourquoi !
- Insérez le rituel du coucher **dans une routine plus large.** Celle-ci peut commencer dès le retour de la crèche ou de chez la nounou : on enlève les chaussures, on se lave les mains, on joue un peu avant le bain, on prend le bain, on se met en pyjama, on dîne... puis on poursuit avec la routine du coucher.

L'avis des parents

« Lorsque ma fille était petite, je lui annonçais qu'il était temps d'aller au lit au moment où le camion poubelle passait dans notre rue (vers 20 h 45). C'était une sorte de petit repère informel, certains soirs uniquement. Sauf que pendant très longtemps, jusqu'à l'année dernière, si pour une raison X ou Y, le camion poubelle passait plus tard, Luna l'attendait pour s'endormir ! J'aurais mieux fait de me taire ! »
Anne, maman de Luna

74 *À quoi sert le rituel du soir ?*

Le quotidien d'un tout-petit est rythmé par de nombreux rituels, que ce soit à la crèche, chez la nounou, à la maison, à l'extérieur… Les enfants en ont besoin, et ils les adorent ! Les petites routines sont aussi essentielles pour l'aider à bien grandir. Qu'il s'agisse de celui du soir ou du matin (on prend le petit déjeuner, on se lave les dents, on s'habille, on va chercher ses chaussures…), le rituel présente de nombreux avantages pour l'enfant.

- **Il rassure et apaise.** L'enfant sait à l'avance ce qu'il va se passer. Il n'a pas besoin de se poser de questions. Cela le sécurise, lui donne confiance et le calme. C'est vrai à tous les âges, et c'est particulièrement important le soir.
- **Il permet de détendre l'ambiance à la maison.** À partir d'un certain âge, l'enfant sait ce qu'il a à faire. Les parents ont donc, en théorie, moins de consignes à donner. Plus besoin de répéter 36 fois les mêmes choses, c'est une source d'énervement en moins (répétons-le, en théorie seulement !).
- **Il aide chacun à se séparer de l'autre.** Le soir, c'est très souvent la course : les parents rentrent tard, il faut donner le bain, préparer le dîner, manger… Résultat : le temps file très vite. Il est donc important de se ménager une parenthèse uniquement consacrée à la relation parents-enfant. Passer du temps ensemble et prendre le temps de se dire bonsoir est important.
- **Il développe l'autonomie et la confiance en soi de l'enfant.** En répétant chaque soir les mêmes gestes, l'enfant se perfectionne chaque jour. Petit à petit, il arrive à mettre son pyjama tout seul, à attraper sa brosse à dents sans l'aide de papa ou maman… En sachant ce qu'il a à faire, l'enfant peut aussi prendre des initiatives : choisir le livre qu'il a envie de lire ce soir avec son père ou sa mère, par exemple.

- **Il permet de gagner du temps.** Les règles sont claires et établies, et on ne perd pas de temps à se demander si on a oublié de faire quelque chose. Un atout précieux quand le quotidien est minuté !

75 *Un dessin animé le soir avant de se coucher, une bonne idée pour l'aider à trouver le sommeil ?*

Vous avez pris l'habitude de vous détendre (voire de vous endormir) devant la télévision, et vous pensez qu'en regardant deux ou trois dessins animés, votre enfant se calmera et trouvera ensuite plus facilement le sommeil ? C'est une très mauvaise habitude, pour lui comme pour vous d'ailleurs. En effet, non seulement certains programmes peuvent être en soi excitants (voire violents !), mais la lumière générée par l'écran augmente le niveau d'éveil. De plus, elle a **des conséquences néfastes sur la sécrétion de la mélatonine (l'hormone qui régule le sommeil), ce qui perturbe le rythme éveil/sommeil** et donc provoque des réveils nocturnes, des cauchemars…

Notons également que **l'abus de télévision, de nuit comme de jour, nuit gravement à la bonne santé physique et mentale des enfants** : elle briderait leur imagination, les empêcherait de se concentrer, développerait leur agressivité, favoriserait leur obésité…

76 *Pourquoi ne peut-il pas se passer de son doudou pour dormir ?*

Si les enfants adoptent leur doudou vers 8-9 mois, ce n'est pas pour rien : cela correspond à une étape bien précise de leur développement. Ils commencent à prendre conscience qu'ils ne forment pas qu'une seule et même personne avec leur mère, et donc qu'ils peuvent être séparés d'elle, ce qui peut créer de grandes angoisses (que l'on appelle d'ailleurs « angoisses du 8e mois », voir aussi p. 105). Pour combler cette anxiété, ils adoptent un doudou. C'est ce que l'on appelle un objet transitionnel : **il aide l'enfant** à **faire le lien entre les moments où ses parents sont là et ceux où ils ne sont pas là** (la nuit, lorsqu'il est chez la nounou, à la crèche, chez les grands-parents…). Sa mission : rassurer l'enfant, lui montrer que, quelle que soit la situation, il n'est pas perdu car « doudou » est là. Certains enfants l'emmènent partout, d'autres ne s'en servent que la nuit pour dormir, d'autres encore n'en ont pas… Il n'y a pas de règle en la matière, ni de situation meilleure qu'une autre. Si votre bébé est accro au sien, évitez simplement de l'oublier quand vous partez en week-end ou en vacances, et encore moins de le perdre (dans ce cas, en avoir un autre exemplaire en stock peut éviter les drames). Et pensez enfin à le passer de temps en temps à la machine à laver, car c'est un vrai nid à bactéries !

77 *Que faire s'il ne veut pas lâcher sa tétine pour dormir ?*

Les raisons pour lesquelles les parents veulent que, à un moment donné, leur enfant arrête la tétine sont très nombreuses : peur que cela abîme sa dentition, crainte que cela ne retarde son langage, ras-le-bol de voir son enfant adopter une attitude de bébé qui lui donne « l'air bête »... Mais en pratique, il n'est pas toujours très facile de réussir à ce que son enfant abandonne cette habitude très profondément ancrée en lui, en particulier la nuit. Voici quelques petites astuces pratiques pour réussir à passer le cap.

- **Attendez que votre enfant soit prêt** et ne lui mettez pas « la pression », sinon vous obtiendrez l'effet inverse. C'est bien sûr plus facile à dire qu'à faire, car il n'existe pas d'âge précis (c'est souvent entre 3 et 6 ans). Tout dépend de votre enfant, et certains signes peuvent vous indiquer le bon moment. L'entrée à l'école maternelle peut être une bonne occasion de lâcher la tétine ou le pouce.
- **Choisissez bien votre moment !** Certaines étapes sont particulièrement importantes et stressantes pour un enfant, inutile d'en rajouter une couche en lui enlevant la tétine qui représente pour lui un moment de réconfort. Évitez donc les périodes de déménagement, d'entrée à la crèche, de l'arrivée d'un petit frère ou d'une petite sœur...
- **Allez-y progressivement.** Bannissez l'usage de la tétine à l'extérieur, pendant les activités... Réservez-la aux moments de repos : siestes, dodos, moments calmes... Ensuite, faites-lui comprendre qu'il n'en a besoin que pour les siestes à l'extérieur (chez la nounou, à la crèche...). Pour amorcer cette transition, pas besoin d'attendre les 3 ans de l'enfant. Plus vous commencez tôt, plus vous en finirez tôt !
- **Faites un troc.** Proposez par exemple un doudou en échange de la tétine. À partir de 10 mois, c'est l'idéal car le besoin de succion diminue à cet âge.
- **Soyez imaginatif.** Vous pouvez par exemple raconter à votre enfant que, à 3 ou 4 ans, les enfants ont pour tradition d'offrir leur tétine au Père Noël. Le soir du réveillon, ils la déposent au pied du sapin et, en échange, le lendemain matin, ils ont un cadeau surprise supplémentaire. Essayez : vous serez surpris du résultat !

- **Faites intervenir une tierce personne** (mais attention, au bon moment) qui pourra lui expliquer la situation autrement. Il peut s'agir de la nounou, d'un grand-parent, du pédiatre… Cela permet de dédramatiser la situation.
- **Faites confiance à votre enfance et dédramatisez** ! Évitez les petites remarques, parfois rabaissantes, et dites simplement à l'enfant qu'il peut prendre sa tétine, mais pas tout le temps. Lui seul choisira le moment d'arrêter. Et puis, comme le dit le pédiatre américain Thomas Berry Brazelton, « le monde est stressant [...]. La façon de s'autoréconforter est signe de santé et de compétence, et non une habitude sale et honteuse. »

78 *Quels types d'histoires lui lire pour l'aider à bien dormir ?*

Tous les types d'histoires ou presque peuvent être lues le soir ! Le principal est que vous y mettiez du cœur, et donc que vous aimiez un minimum l'histoire que vous racontez. N'hésitez pas à alterner les styles pour faire découvrir à votre enfant toute la diversité de la littérature, et n'oubliez pas que certains enfants adorent les histoires inventées par leurs parents. Le plus important est de passer un moment agréable ensemble, et de privilégier la complicité et l'échange.

Évitez simplement de lire **des histoires… de monstres ou de sorcières** juste avant le coucher. Cela n'empêche pas de lui en lire, mais uniquement en journée. En particulier si votre enfant est sujet à des cauchemars. En s'identifiant au héros qui les combat et qui, le plus souvent, remporte la bataille, cela permet de le rassurer. N'hésitez pas à y ajouter un peu d'humour, afin de dédramatiser l'histoire.

79 *Pour le punir, je le menace de le mettre au lit. Une bonne idée ?*

Il ne faut jamais associer le lit à une punition. Sinon votre enfant aura vite fait, à son tour, d'associer le sommeil à une punition. Cela ne ferait qu'accentuer son stress et ses difficultés à s'endormir. Optez plutôt pour une punition plus classique, comme le coin. À l'inverse, faites du lit de votre enfant un endroit douillet où il aimera se retrouver, comme une « récompense » d'une journée bien remplie, en l'aménageant avec de jolis draps, des peluches...

80 *Comment faire pour qu'il se réveille plus tard ?*

Votre enfant de 2 ans a la fâcheuse habitude de se réveiller tous les matins à 6 heures, autant dire beaucoup trop tôt pour vous ? Rassurez-vous : c'est une situation très courante chez les enfants de cet âge. Deux cas de figure sont possibles : soit il se réveille parce qu'il a assez dormi, soit il se réveille pour une raison X ou Y et non parce qu'il a assez dormi. Dans ce cas, vous le verrez à quelques indices : il se frotte les yeux, bâille, est grognon, et il n'est pas rare qu'il pique un petit somme le matin (dès que vous prenez la voiture par exemple).

S'il se réveille en pleine forme : vous pouvez retarder un peu l'heure du coucher, mais cela n'est pas toujours efficace. Si votre enfant fait la sieste, vous pouvez aussi réduire sa durée, voire la supprimer totalement, afin que ses nuits soient un peu plus longues.

S'il se réveille encore fatigué : essayez de déterminer les causes de son réveil précoce. Peut-être y a-t-il trop de lumière dans sa chambre ? Ou bien que les voisins font trop de bruit ? Ou alors sa couche est pleine et elle fuit ? Quelle que soit la raison, essayez de trouver une solution pratique.

Si vous n'arrivez pas à savoir pourquoi il se réveille si tôt, investissez dans un **réveille-matin jour/nuit spécial enfant** (qui indique, à l'aide d'une petite lumière, s'il est l'heure de se lever ou non). C'est un système qui a fait ses preuves !

Le conseil en + de la pédiatre

Les enfants ont tendance à se réveiller naturellement tôt, et en pleine forme. Vous n'êtes pas les seuls concernés ! L'ampleur des découvertes qui les attendent ne leur donne qu'une envie : se lever ! C'est plutôt bon signe !

3

Les principaux problèmes de sommeil entre 10 mois et 3 ans

Cette période n'est pas toujours la plus simple en matière de sommeil. Refus d'aller se coucher, peur du noir, cauchemars, terreurs nocturnes, pipi au lit, somnambulisme… découvrez comment bien gérer ces différentes situations.

81 *Il veut dormir dans notre lit, comment réagir ?*

« Pourquoi je dors tout seul, moi ? » : c'est une question fréquente que posent les enfants. Surtout quand vous tentez gentiment de le raccompagner dans son lit après un mauvais rêve… Pour les parents, il peut être tentant de céder et de dormir avec son enfant. Et il y a **toujours une « bonne » raison** : votre conjoint est en voyage, votre enfant est venu en petit clandestin se blottir contre vous, il est malade et il dormira mieux dans votre lit que dans le sien, en ce moment… Ou alors, vous travaillez beaucoup et vous n'arrivez pas à rentrer tôt à la maison et à vous occuper de lui suffisamment. Comment dire non à cet amour que ce petit être vous donne au milieu de la nuit, alors que vous l'avez si peu vu dans la journée ? Sauf que maintenant cela se reproduit régulièrement et que votre conjoint aimerait bien que ce manège cesse. Et d'ailleurs vous aussi, mais vous ne savez plus trop quoi faire !

Autant chez le petit nourrisson, notamment allaité, les séjours dans le lit familial sont compréhensibles et s'arrêtent en même temps que l'allaitement de nuit, autant chez l'enfant qui grandit, d'autres enjeux apparaissent qui rendent le co-dodo plus problématique. **Au-delà de 3 ans, l'enfant rentre dans la phase œdipienne** : **il ressent et comprend les jeux du désir sexuel entre ses parents et souhaite inconsciemment y participer.** Le désir incestueux est une phase de développement normale de l'enfant et est souvent partagé par les parents, tout heureux de l'amour inconditionnel que leur porte leur enfant. Favoriser un développement psychique et affectif harmonieux de son enfant passe par un renoncement à ces plaisirs partagés, par une séparation des corps, le jour comme la nuit ! Le lit des parents est un lieu pour les câlins du dimanche matin et un lieu de partage du bonheur de se retrouver, après une bonne nuit de sommeil chacun dans son lit.

Alors comment faire pour que le lit parental ne soit plus une place publique ?

- Il faut lui rappeler que précisément **c'est parce que c'est un enfant et non un adulte qu'il doit dormir seul dans son lit**. Quand il sera grand, il pourra aussi dormir avec quelqu'un qu'il aura choisi. C'est un grand avantage de grandir !
- On peut **lui montrer qu'il n'est pas seul dans son lit** puisque ses doudous et ses peluches lui tiennent compagnie, et que ses parents sont juste à côté, dans leur chambre à eux, et dans leur lit à eux.

Bien sûr, le petit coquin ne sera pas forcément d'accord mais le rôle éducatif des parents est de montrer de la fermeté et de comprendre les enjeux qui sous-tendent les tentatives du petit pour tester les limites et les règles.

L'avis des parents

« Les filles ont toujours bien fait la différence entre notre lit et le leur. L'aînée n'est jamais venue dormir dans notre lit. Pour la seconde, c'est arrivé de temps en temps, quand elle se réveille très tôt le matin, et ne veut pas se rendormir dans son lit, mais cela reste assez rare. Elles n'ont pas l'interdiction d'y venir, mais c'est pour autre chose que pour dormir : faire des câlins le samedi ou le dimanche matin, regarder un dessin animé le week-end... »
Xavier, papa de Nola et Tess

« Nous avons toujours expliqué à nos enfants que notre lit n'est pas le leur. Toutefois, il existe des exceptions à cette règle. Si Bébé pleure en pleine nuit et qu'on ne parvient pas à le consoler, il termine sa nuit avec nous dans le lit. C'est la seule solution pour que chacun puisse dormir ! »
Peggy, maman de Margot, Tristan et Alban

82 *Il avance tous les prétextes possibles pour ne pas aller se coucher : que faire ?*

De deux choses l'une : si votre enfant refuse d'aller se coucher, c'est soit parce qu'il vous fait marcher et teste les limites, ou parce qu'il est angoissé par la séparation de la nuit. Se coucher, c'est se séparer, et cette séparation peut en effet être vécue plus ou moins difficilement par certains enfants (mais aussi par certains parents) à certains moments de leur existence.

Dans le premier cas (qui est de loin le plus fréquent !), **votre petit teste vos limites en avançant tous les prétextes** pour retarder le moment d'éteindre la lumière et votre départ : c'est une autre histoire, un verre d'eau, un pipi, un bisou de papa, un bisou de maman, puis un bisou à chaque peluche, et on recommence car on n'a pas respecté l'ordre... De temps en temps, vous avez envie de vous arracher les cheveux et vous ne savez plus comment faire pour que ce manège infernal cesse. Ça a commencé insidieusement et, au début, vous êtes entré dans ce petit jeu qui vous amusait... Mais, maintenant, c'est tous les soirs et votre enfant trouve toujours de nouvelles raisons pour vous garder encore un peu près de lui. Tout cela est une affaire de limites et de fermeté, qui sont les maîtres mots de l'éducation du jeune enfant en prise à une volonté immédiate et toute-puissante. Ces limites sont d'autant plus difficiles à poser que les parents qui travaillent beaucoup et rentrent tard n'évaluent pas bien le temps incompressible qu'ils doivent consacrer à leur enfant. Leur culpabilité de ne pas passer plus de temps à la maison les rend particulièrement vulnérables aux tentatives de leurs petits pour retarder le coucher.

Quelles solutions ?

- Au lieu de vous énerver au cours d'un rituel de coucher qui s'éternise, le mieux est de poser clairement les limites et surtout de réorganiser les soirées afin de pouvoir jouer avant le dodo et de préparer tranquillement l'heure du coucher.
- Il faut aussi reconsidérer l'heure du coucher : si votre enfant refuse de se coucher, n'est-ce pas parce qu'il est couché un peu trop tôt ? Il n'est pas impossible que ce soit un petit dormeur

et que reculer juste un peu l'heure du coucher puisse suffire à diminuer ses caprices. Voir également nos conseils p. 150.

S'il s'agit d'un problème plus embêtant d'anxiété de séparation qui s'inscrit dans un contexte plus pathologique (parent seul, divorce, deuil familial, maladie d'un proche ou hospitalisation récente de l'enfant...), l'approche sera la même mais avec une tolérance supérieure pour les exigences du petit : il faudra surtout veiller à expliquer le contexte afin de déculpabiliser l'enfant et le rassurer le mieux possible : parlez de l'angoisse qu'il ressent, montrez-lui que vous comprenez son ressenti, et dédramatisez. Faites confiance à votre enfant, même tout petit il comprend déjà beaucoup de choses !

Le conseil en + de la pédiatre

Un autre paramètre peut entrer en jeu dans ces problèmes : la difficulté à se séparer d'un des parents en particulier, généralement celui qui est habituellement en charge du coucher. Dans ce cas, n'hésitez pas à laisser la main à l'autre parent, qui jouera alors son rôle de tiers séparateur et permettra de lever le blocage.

83 *Comment l'aider à bien dormir hors de la maison, de son environnement habituel (vacances, week-end...) ?*

Comme nous l'avons vu dans les questions précédentes, **le sommeil du tout-petit est en grande partie une question d'habitudes, de rituels, de confiance et de réassurance**. Il n'est pas étonnant que coucher son enfant et réussir à le faire dormir à l'extérieur de son environnement habituel ne soit pas toujours facile à envisager, d'autant plus quand l'enfant a déjà des difficultés à apprivoiser son sommeil en temps normal. Alors vous renoncez déjà ? Adieu vacances, week-ends, sorties imprévues, voyages et crapahutage ? Pas de panique, tout s'apprend ! Finalement, tout ce que vous avez mis en œuvre pour réussir à lui faire passer des nuits et des siestes paisibles à la maison pourra aussi vous servir à l'extérieur.

- Sachez que ce sera **d'autant plus simple de le faire dormir à l'extérieur que vous aurez commencé tôt**. Commencez par exemple par une nuit chez les grands-parents, en votre compagnie, quand il n'a encore que quelques mois.
- **Expliquez-lui clairement et simplement la situation** : où vous allez, pour combien de temps, pourquoi il doit dormir en dehors de chez lui... Les bébés, comme les adultes, ont besoin d'un cadre précis, et non pas flou, pour pouvoir s'adapter.
- Pour que le moment du coucher se passe au mieux, **repérez le moment où votre enfant est fatigué**. Ce n'est pas la peine de chercher à le coucher trop tôt, ni trop tard d'ailleurs, car il vous le fera payer pendant toute la soirée.
- **N'oubliez pas le rituel du coucher**, avec son cortège d'histoires, de berceuses, de comptines et de câlins... Ni l'indispensable doudou bien sûr ! Et surtout, prenez votre temps, comme à la maison. Un bébé rassuré peut dormir tranquillement d'un sommeil réparateur même dans une poussette ou dans un porte-bébé.

- **Couchez-le dans un endroit calme, mais pas trop éloigné** de vous afin de pouvoir intervenir rapidement pour le rassurer si nécessaire. Assurez-vous que le baby-phone fonctionne si votre enfant en a l'habitude.
- **Renoncez à le faire dormir à l'extérieur si votre enfant est malade :** ce n'est pas le moment d'ajouter du stress au stress.

84 *Comment le rassurer s'il a peur du noir ?*

La peur du noir est très fréquemment évoquée chez les enfants. Elle rejoint la peur du loup, la peur des monstres, et plus tard la peur de la mort... Car, à chaque âge, correspond sa « peur ». **La peur du noir apparaît entre 2 et 3 ans chez pratiquement tous les enfants. C'est une apparition soudaine qui peut prendre les parents au dépourvu** car l'enfant ne posait jusque-là aucun problème pour se coucher.

Le noir est synonyme de danger car dans l'obscurité, on perd ses repères. La nuit était dangereuse pour nos lointains ancêtres qui ne dormaient que d'un œil de peur de se faire « réellement » dévorer par les bêtes sauvages. Aujourd'hui, le noir symbolise la peur d'être seul. Or, vers l'âge de 3 ans, l'enfant a une vie psychique très riche, son imagination déborde d'émotions plus ou moins effrayantes. À cet âge, l'enfant commence à s'autonomiser et ses pensées ambivalentes sont nombreuses. **L'enfant n'a pas réellement peur du noir, mais c'est son inconscient qui masque son angoisse de séparation par la peur du « noir ».** D'ailleurs, le petit peureux préfère nettement que ses parents laissent la porte entrouverte plutôt qu'une veilleuse ! Les bruits des parents qui rappellent leur présence proche rassurent l'enfant. À cet âge, il a accès à une pensée symbolique, et cela lui permet de faire tous les progrès dont il est capable sans trop de souffrance. Il déplace sur le noir la peur d'être seul la nuit, séparé de ses parents, comme on l'exige d'un grand. Et grâce à des petits moyens (veilleuse, porte ouverte, etc.), l'enfant réussit à dépasser sa peur, à dormir seul, et donc à grandir.

Que faire alors pour rassurer votre enfant ? Voici quelques pistes très efficaces.

- La solution de **la veilleuse** est simple et souvent suffisante. **La petite lampe dans le couloir** est encore plus efficace, car l'enfant profite d'un peu de lumière mais aussi peut vous entendre grâce à la porte entrouverte. Si cela ne gêne pas l'endormissement et le sommeil de votre enfant, la veilleuse ou la lampe dans le couloir peuvent ainsi rester en place pendant des années !
- **Les explications sur le noir, la vérification de l'absence de monstres sous le lit**… tout est bon pour calmer l'anxiété de votre enfant. Dites-vous que c'est une étape normale dans son développement, et qu'il ne faut pas la négliger.
- **Prenez le temps de coucher votre enfant.** Écoutez sa plainte, faites un rituel de coucher ni trop court ni trop long, et n'y dérogez pas. Cet accompagnement et cette préparation à la séparation et au « noir » sont nécessaires à son équilibre.

Le conseil en + de la pédiatre

N'ayez pas peur des réactivations et des rechutes : la peur du noir que l'enfant semblait avoir maîtrisée peut se réactiver à l'occasion de certains événements de sa vie comme l'entrée à l'école, la séparation des parents, un déménagement… Rien d'anormal : si vous le comprenez et l'accompagnez, votre enfant dépassera d'autant plus vite cette angoisse de séparation.

85 *Comment réagir en cas de cauchemar ?*

Tous les enfants font des cauchemars un jour ou un autre, c'est-à-dire un rêve qui fait peur. Le problème est que le cauchemar est d'autant plus effrayant que l'enfant est petit et ne peut pas faire la part entre ce qui est réel et ce qui est du domaine du rêve. Comme le dit le pédiatre américain Thomas Brazelton, il faut s'attendre à voir apparaître les cauchemars aux « points forts » du développement de l'enfant. Entre 2 et 3 ans, les enfants rêvent fréquemment qu'ils se perdent ou sont victimes de monstres sans que leurs parents puissent leur venir en aide. Bien que les monstres ou l'obscurité soient invoqués, c'est en réalité la séparation des parents qui est en cause et l'ambivalence de l'enfant qui s'autonomise. Chez le tout-petit, le cauchemar peut être traumatisant et provoquer une phobie du coucher dans les jours et les semaines à venir. Pour rassurer l'enfant, il existe quelques clés.

- Il faut bien sûr **réconforter l'enfant sur le moment**, et lui montrer le plus simplement possible que le cauchemar n'est pas la réalité. En vérifiant par exemple qu'il n'y a pas de monstres sous le lit ni dans le placard.
- **Recommencez ce petit rituel soir après soir**, tant que l'enfant en éprouve le besoin.
- **Évitez en revanche de prendre votre enfant dans votre lit.** Ou alors seulement de manière très exceptionnelle car tout devient rapidement une habitude, un rituel, une action conjuratoire chez le petit effrayé. Or l'enfant doit trouver en lui-même les ressources pour faire face à l'objet de ses peurs.
- **Lire à son enfant des histoires de sorcières ou de monstres** (ceux qui précisément lui font peur dans ses rêves), pendant la journée, peut aussi aider l'enfant à dédramatiser (voir p. 159).

86 *Il se réveille terrorisé en pleine nuit : comment faire pour le calmer ?*

Votre enfant, qui vient de s'endormir, se redresse brusquement dans son lit et se met à hurler, hagard et terrorisé. Vous essayez de le rassurer en lui parlant ou en lui faisant un câlin mais rien n'y fait : c'est sûrement ce que l'on appelle une terreur nocturne. À la différence des cauchemars, les terreurs nocturnes apparaissent au cours des premiers cycles de sommeil, pendant une phase de sommeil lent profond (et non paradoxal comme pour les cauchemars). Deux facteurs principaux semblent pouvoir déclencher des épisodes de terreur nocturne : le manque de sommeil et la fièvre, comme pour l'accès de somnambulisme. Comme l'enfant ne rêve pas mais dort profondément, **il n'aura plus aucun souvenir de sa terreur le lendemain**, ce qui est particulièrement déroutant pour les parents puisqu'ils sont dans l'impossibilité d'en discuter ensuite avec lui.

Les terreurs nocturnes sont fréquentes chez le petit enfant. Elles peuvent apparaître **dès 9 mois**, âge où le sommeil lent profond est bien individualisé dans les rythmes de sommeil. Elles touchent entre 1 et 3 % des enfants, principalement des garçons (mais on ignore pourquoi).

Que faut-il faire pendant l'accès de terreur, lorsque l'enfant hurle dans son lit en se débattant ?

- Comme pour l'accès de somnambulisme, **il ne faut rien faire !** C'est la seule solution pour que l'enfant ne souffre pas d'un réveil inutile, puisqu'il n'est pas angoissé et qu'il ne gardera aucun souvenir de l'épisode. Il ne faut donc pas confondre la terreur nocturne avec le cauchemar.

- Il faut **laisser l'enfant crier dans son lit** et rester près de lui (pour vous rassurer, vous !) sans le prendre ni le contraindre, le temps que dure sa terreur. La plupart des accès sont de très courte durée et ne récidivent pas dans la nuit.
- Pour lutter contre la récurrence de tels épisodes, il faut **s'assurer que l'enfant a la quantité de sommeil suffisante**, et si besoin, rétablir des siestes ou les prolonger, avancer l'heure du coucher…

87 *J'étais somnambule quand j'étais petit : mon enfant de 3 ans risque-t-il de l'être aussi ?*

Le somnambulisme est un trouble du sommeil relativement fréquent qui peut débuter dès l'âge de la marche, mais qui touche surtout l'enfant après 5 ans. On estime que près de 15 % des enfants entre 5 et 12 ans connaissent un ou plusieurs accès de somnambulisme. Cette bizarrerie du sommeil intervient en début de nuit pendant le sommeil lent profond et s'apparente aux terreurs nocturnes ou au fait de parler en dormant. Cela correspond à un éveil partiel pendant le premier ou le deuxième cycle de sommeil lent profond, moins de 3 heures après le coucher : **le corps se met en mouvement alors que le cerveau dort profondément**. L'enfant se lève calmement et se met à déambuler de manière hésitante. Il peut réaliser de véritables promenades sans but précis avant de se recoucher, mais il peut aussi réaliser d'autres actions comme faire pipi n'importe où ou ouvrir le réfrigérateur. Il peut même obéir à des ordres simples. L'enfant se blesse rarement mais peut se mettre en danger. Il ne se souvient de rien le lendemain matin au réveil. Certains accès de somnambulisme (surtout chez les enfants plus âgés) peuvent être agités : l'enfant court, tape sur des objets, cherche à s'enfuir de la maison en hurlant.

Chez le petit enfant, le plus souvent entre 3 et 6 ans, **les « éveils confusionnels » sont plus fréquents que les accès de somnambulisme**. Ils sont à mi-chemin entre les terreurs nocturnes et le somnambulisme. Ces accès ressemblent à des caprices au cours du début de nuit ou au réveil d'une sieste. L'enfant ou le nourrisson grogne et s'agite, pleure et sort de son lit. Il paraît éveillé mais en fait, il n'est pas conscient. Quel que soit le type de trouble du sommeil, il apparaît d'autant plus que l'enfant est fatigué ou malade, et au cours de périodes de grandes acquisitions.

Bien qu'on ne connaisse pas tous les mécanismes de ces éveils partiels, il semble que l'hérédité joue bel et bien un rôle. **Avoir un père ou une mère qui avait des accès de somnambulisme dans l'enfance augmente les risques pour l'enfant d'en faire lui-même à un moment au cours de son développement.** Selon une récente étude canadienne*, les enfants ayant un parent qui a été somnambule ont entre trois et sept fois plus de risques que les autres d'avoir eux aussi ces troubles du sommeil. Si les deux parents sont concernés, la probabilité est encore plus forte : 60 % des enfants dont les deux parents sont ou ont été somnambules le sont également. Cette étude fait par ailleurs le lien entre le somnambulisme et les terreurs nocturnes (qui affectent généralement les enfants plus jeunes. Ces deux « parasomnies » surviennent pendant le sommeil lent profond. Le tiers des enfants qui font des terreurs nocturnes sont aussi somnambules.

---

* D. Petit et *al.*, *"Childhood sleepwalking and sleep terrors: a longitudinal study of prevalence and familial aggregation"*, *JAMA Pediatrics*, 2015.

88 *Mon enfant est somnambule : que faire (et ne pas faire) ?*

Cette bizarrerie du sommeil est relativement fréquente et facile à diagnostiquer. Elle n'est ni grave ni dangereuse, et transitoire dans la plupart des cas. Elle n'en demeure pas moins spectaculaire et angoissante pour les parents qui sont démunis pendant la crise, sans savoir comment se comporter.

Voici les meilleurs réflexes à adopter lorsque vous découvrez votre enfant en pleine crise :

- Le plus difficile est d'**accepter de ne rien faire ni pendant ni après la crise** : ne pas intervenir, ne pas le réveiller, ne pas se fâcher. Retenez en effet que l'enfant somnambule dort et doit continuer à dormir. À la fin de l'épisode, il retombe dans un sommeil profond, sans transition ni angoisse. Au réveil, il ne se souvient de rien et n'a pas besoin d'être rassuré.
- La seule chose à faire est de **s'assurer qu'il n'y a aucun risque pour votre enfant** : l'accès aux fenêtres doit être bloqué, aucun objet dangereux, qui risquerait de le blesser pendant sa déambulation, ne doit traîner dans la chambre ou sur son parcours, qui risqueraient de le blesser pendant sa déambulation.
- Les éveils partiels et le somnambulisme sont liés à la profondeur du sommeil lent de début de nuit. Lorsque le jeune enfant est en manque de sommeil (à cause d'un voyage, d'une maladie, d'un événement familial, de l'arrêt ou de la diminution de la durée de la sieste), il récupère en approfondissant son sommeil. Or c'est pendant cette « récupération » que l'accès de somnambulisme risque le plus de surgir. D'où l'importance de **lutter contre le manque de sommeil**. Chez un jeune enfant qui enchaîne les épisodes d'éveils partiels, on peut par exemple conseiller de reprendre l'habitude de la sieste.

89 *Comment gérer le décalage horaire et les changements d'heure ?*

Chaque année, à l'automne et au printemps, il est régulièrement question, dans les médias, des conséquences du changement d'heure sur les enfants. On le sait, cela a un effet délétère sur le sommeil des petits, dont le rythme veille/sommeil se dérègle rapidement. Le décalage horaire, lié à un voyage à l'étranger, produit de la même manière des effets comparables, et souvent encore plus marqués.

Qu'il s'agisse du passage à l'heure d'hiver ou d'été, ou d'un décalage horaire lié à un séjour à l'étranger, ce réajustement horaire doit se faire en douceur.

- L'idéal est de pouvoir **anticiper et préparer l'enfant** afin que le changement ne soit pas trop brutal. On pourra ainsi réveiller l'enfant un quart d'heure plus tôt chaque jour ou plus tard selon le type de changement, et le coucher un quart d'heure plus tôt ou plus tard selon le même principe.
- Il faut également procéder **de la même façon pour les horaires des repas, des promenades et des autres activités** qui rythment la journée.
- **L'heure du réveil étant primordiale pour régler les rythmes**, il est important de soigner ce moment. L'idéal est d'éclairer la chambre en grand, d'ouvrir les rideaux et les volets, de faire du bruit… Objectif : donner les signaux de modification au rythme circadien de l'enfant. C'est ce rythme qui permet au petit – mais aussi aux grands – d'adapter ses fonctions biologiques au changement d'heure.

Le conseil en + de la pédiatre

Les changements d'heure ou le décalage horaire ne sont pas les seuls à induire un changement de rythme potentiellement perturbant pour les enfants. Le retour de vacances ou la rentrée scolaire entraînent eux aussi des perturbations de ce type. Pensez à les anticiper en adoptant les mêmes bons réflexes. Si certains enfants s'adaptent rapidement, d'autres mettront plus de temps et pourront souffrir d'un manque d'appétit, être grognons ou avoir du mal à s'endormir pendant quelques jours...

90 *Quand consulter un médecin spécialiste du sommeil ?*

Lorsqu'un enfant ne dort pas bien, toute la famille souffre. La plainte est souvent au premier plan lors des consultations de suivi du nourrisson, alors que, bien souvent, le trouble du sommeil est mineur, voire inexistant. Chez les enfants un peu plus grands, en revanche, les parents attendent souvent la fin de la consultation pour évoquer leurs insomnies... Il n'est pas rare de passer 30 minutes à parler de tout ce qui va bien et de n'aborder qu'en toute fin de séance les troubles du sommeil bien installés. Or sachez que le pédiatre est le médecin privilégié pour traiter les problèmes du sommeil de l'enfant qu'il suit. Il le connaît, ainsi que ses frères et sœurs, et a une certaine connaissance du fonctionnement de la famille en général. Il ne faut pas hésiter à évoquer le problème de sommeil en début de consultation. **De simples conseils au cas par cas suffisent souvent à enrayer les**

troubles. Parfois, en revanche, il sera nécessaire de consacrer une séance entière, voire plusieurs, à ce problème spécifique, avant qu'il ne s'apaise.

Le pédiatre est également là pour vérifier, avec les parents, si le trouble du sommeil n'est pas lié à une cause organique : un reflux, une allergie aux protéines de lait de vache, un syndrome d'apnée du sommeil sur une hypertrophie amygdalienne... Lorsque les causes organiques ont été éliminées et les conseils éducatifs donnés et redonnés, il peut être nécessaire de faire appel, dans un second temps, à **une consultation dédiée au sommeil avec un pédiatre spécialisé dans ce genre de troubles**. Celle-ci permettra de définir le type de trouble, par exemple s'il s'agit de troubles de l'endormissement ou plutôt de réveils nocturnes. Elle s'appuie sur un « agenda du sommeil »* qui retrace les nuits et leurs perturbations pendant une à plusieurs semaines. Cette consultation doit être menée avec les deux parents et l'enfant. On revient longuement sur l'histoire familiale et le fait même de dédier une consultation au problème de sommeil de l'enfant est souvent thérapeutique en soi, en permettant de déplacer le problème et en écoutant ce que chacun des protagonistes a à en dire. D'ailleurs, il n'est pas rare que l'enfant dorme mieux les jours qui précèdent la consultation dédiée au sommeil !

* Voir un exemple d'agenda du sommeil à l'adresse suivante : www.sommeil-mg.net/spip/IMG/pdf/agenda_2014-2.pdf

91 *Quand consulter un psy ?*

Consulter un psychologue ou un pédopsychiatre peut s'avérer nécessaire **lorsque des causes psychologiques chez l'enfant ou les parents ont été mises en évidence** par le médecin traitant et/ou qu'un dysfonctionnement familial est à l'origine des troubles. Une ou deux séances dédiées au sommeil malgré les conseils et l'écoute empathique ne suffiront pas à résoudre le problème. Lorsqu'on se rend compte que l'enfant et/ou ses parents devront faire un travail plus important pour retrouver le chemin du sommeil apaisé, il ne faut pas hésiter à se tourner vers une psychothérapie. Cette dernière dure souvent entre deux et dix séances. Elle permet de mettre à nu les mécanismes du trouble du sommeil et les défenses qui l'accompagnent, de faire prendre conscience à l'enfant et à ses parents qu'il y a d'autres chemins possibles que l'insomnie pour exprimer un malaise ou qu'il est possible de poser des limites sans pour autant perdre l'amour de son enfant.

92 *Quelles sont les vraies maladies du sommeil ?*

En dehors des troubles banals du sommeil nécessitant réglages et apprentissages, voire une aide thérapeutique plus soutenue, il existe des troubles organiques du sommeil. Ce sont de véritables maladies qui entraînent une vraie perturbation du sommeil. Il existe trois grands types de maladies du sommeil. Parmi elles, le syndrome de **mort subite du nourrisson** (voir aussi p. 126), les troubles liés au syndrome d'**apnée du sommeil** (voir p. 124) et les **hypersomnies** (quand l'enfant dort plus que d'habitude ou trop pour son âge), point que nous allons développer dans la réponse à cette question.

Les hypersomnies sont fréquentes au cours des maladies saisonnières du nourrisson : quand le bébé est malade, il dort davantage, et cela n'est pas alarmant. Il suffit de laisser l'enfant récupérer. Toutes les pathologies infectieuses peuvent fatiguer l'enfant, en particulier certaines maladies comme la mononucléose infectieuse ou l'hépatite virale, qui engendrent des fatigues particulièrement intenses.

L'hypersomnie peut aussi être le premier signe de la narcolepsie, une maladie rare mais qui existe chez l'enfant : celui-ci s'endort n'importe où et à n'importe quel moment. Peu importent les circonstances, l'enfant pique du nez très soudainement, sans préambule. Il est également victime de cataplexie, c'est-à-dire de brusques chutes du tonus musculaire au niveau des membres inférieurs. L'enfant ne sent plus ses jambes et s'effondre brusquement. Le troisième signe clinique évoquant une narcolepsie (en plus de l'hypersomnie et de la cataplexie) est l'hallucination hypnagogique, c'est-à-dire la sensation, au moment de l'endormissement, que le corps se transforme, avec par exemple les bras qui s'allongent ou la mâchoire qui se déforme. Lorsque le diagnostic est évoqué, il doit être confirmé par un enregistrement du sommeil (qui montre des anomalies de l'endormissement tout à fait spécifiques) et par une prise de sang (révélant un typage HLA caractéristique de la maladie à caractère génétique). La prise en charge est faite dans une consultation spécialisée à l'hôpital.

Le conseil en + de la pédiatre

Lorsqu'un enfant dont le sommeil ne posait pas de problème jusque-là se met à dormir anormalement, il faut rechercher des causes neurologiques et psychologiques. On parle de « somnolence anormale » chez un jeune enfant lorsqu'il dort 3 heures de plus que le temps de sommeil moyen pour son âge. La réapparition d'une sieste diurne chez un enfant de plus de 6 ans ou l'endormissement intempestif d'un enfant pendant les activités diurnes monotones (télévision, repas) doivent également alerter. Enfin l'existence d'une somnolence diurne excessive avec des bâillements répétés ou une agitation et une irritabilité anormales sont des signes évoquant un trouble du sommeil pour lesquels il faut chercher une cause telles que le syndrome dépressif, un SAOS (voir p. 125), une pathologie neurologique comme une tumeur cérébrale ou une encéphalite. N'hésitez pas à en parler avec votre pédiatre.

93 *Existe-t-il des médicaments pour aider les enfants à mieux dormir ?*

La France est championne du monde de consommation de psychotropes. Les Français avaleraient plus de 60 millions d'hypnotiques par an ! Et cette exceptionnelle consommation commence dès le berceau. À la fin des années 1970, une étude publiée dans les *Archives françaises de pédiatrie** révélait que 7 %

* M. Choquet, F. Davidson, "Les facteurs favorisant l'administration de sédatifs chez les nourrissons et leurs significations", Archives Françaises de Pédiatrie 35, 1978, 785-792.

des bébés de moins de 3 mois avaient déjà avalé des somnifères ou des sédatifs, et que 16 % d'entre eux en prenaient régulièrement à l'âge de 9 mois ! Dans 80 % des cas, ces sédatifs étaient obtenus sur prescription médicale. Cette étude date un peu et il n'en existe pas de plus récente, mais il est probable que les choses n'aient pas évolué tant que cela. Comme le dit le Dr Hélène de Leersnyder, pédiatre française spécialiste du sommeil de l'enfant, « face à une plainte pour troubles du sommeil chez l'enfant, 60 % des médecins proposent un traitement ». Aux États-Unis, une enquête récente a ainsi révélé que 80 % des enfants insomniaques ont une prescription d'hypnotiques ou d'anxiolytiques par leur médecin traitant.

Pourtant, une chose est claire : le traitement des troubles du sommeil de l'enfant ne doit pas faire appel, en règle générale, aux médicaments. Ils sont non seulement superflus mais également dangereux. En effet, **donner un somnifère peut être néfaste chez l'adulte, mais encore plus chez l'enfant dont le cerveau est en pleine construction**. Soixante-dix pour cent des troubles du sommeil de l'enfant sont avant tout liés à de mauvaises habitudes, et le recours à des médicaments doit être exceptionnel, essentiellement réservé à des cas particuliers d'enfants souffrant de pathologie cérébrale, de troubles du sommeil organique et de troubles psychiatriques. Ainsi, les enfants souffrant de syndrome autistique ont des insomnies particulièrement sévères qui peuvent nécessiter l'aide de psychotropes. Pourtant, dans certains cas où les parents sont épuisés, il n'est pas rare de voir un médecin prescrire un médicament sédatif de manière transitoire (pas plus de 15 jours). Très souvent, le médecin prescrit dans ce but des antihistamniques de type H1 comme l'Atarax® (hydroxyzine) ou le Calmixène® (piméthixène), car ils ont peu d'effets secondaires (il faut en effet savoir qu'aucun somnifère n'a été validé chez l'enfant).

LES BONNES RAISONS DE NE PAS DONNER DE SOMNIFÈRES À UN ENFANT

- **Les somnifères ne procurent pas un bon repos.** Le sommeil sous hypnotiques n'est pas un sommeil normal. Il entraîne une diminution du sommeil lent profond réparateur et du sommeil paradoxal du rêve au profit du sommeil lent léger. Or le sommeil lent profond est la période pendant laquelle l'hormone de croissance est sécrétée et le sommeil paradoxal est essentiel à l'équilibre psychique. Les somnifères ont une action dépressive sur le système nerveux central qui peut s'avérer dangereux chez l'enfant.
- **Les somnifères ont des effets secondaires importants.** Ils sont bien connus chez l'adulte et varient en fonction de leur demi-vie (c'est-à-dire leur durée de vie dans l'organisme). Leur effet principal est la mauvaise qualité de l'éveil qui suit la prise. Ils diminuent la concentration et la mémoire. L'adulte ne se sent pas « très clair » et l'enfant peut être particulièrement agité, énervé et agressif la journée suivant la prise de somnifère.
- **Les somnifères ont une action transitoire et provoquent un rebond à l'arrêt.** Les hypnotiques agissent un certain temps puis le corps et le cerveau reprennent le pouvoir au bout d'une quinzaine de jours. La tentation est grande alors d'augmenter les doses pour obtenir le même effet ! Enfin, lorsque les prises ont été répétées, l'arrêt brutal du traitement s'accompagne du rebond des insomnies qui peuvent même être majorées. À partir de là, un cercle vicieux s'installe avec une nécessité de reprendre l'hypnotique, voire de lui adjoindre un deuxième médicament…
- **Les somnifères peuvent provoquer des réactions paradoxales chez l'enfant.** L'enfant peut ne pas supporter la sensation

ébrieuse qui suit la prise d'un hypnotique ou d'un sédatif. Il ne comprend pas ce qui lui arrive et peut lutter profondément contre cette sensation. Le résultat est une aggravation de son agitation à la place de la sédation qui peut être dangereuse si l'enfant refuse de se coucher : il peut se blesser car il ne maîtrise plus ses mouvements. Cette réaction paradoxale se voit chez plus d'un tiers des enfants de moins de 3 ans, notamment avec les sirops sédatifs antihistaminiques. Donc prudence !

94 *Existe-t-il des remèdes naturels pour aider mon enfant à bien dormir ?*

On l'a vu plus haut : les somnifères sont particulièrement déconseillés aux enfants car ils sont à la fois inutiles et potentiellement dangereux. Si vous voulez aider votre enfant à bien dormir, quelques remèdes naturels peuvent se révéler efficaces pour l'aider à se détendre, et donc à s'endormir (même si, rappelons-le, le rituel du coucher est tout aussi important, si ce n'est plus, pour atteindre ce but !)…

- Du côté de l'aromathérapie, **certaines huiles essentielles** ont des propriétés apaisantes. 10 à 15 minutes avant le coucher, vous pouvez diffuser dans sa chambre quelques gouttes d'huile essentielle de lavande fine ou d'orange douce. Ou en déposer 1 ou 2 gouttes sur son drap.
- **Quelques gouttes d'eau de fleur d'oranger** dans son biberon du soir peuvent également favoriser la détente.
- Certaines marques d'aliments pour bébés proposent également **des tisanes de fleur d'oranger ou de tilleul**, spécialement conçues à cet effet. À tester !

Le conseil en + de la pédiatre

La consultation d'un ostéopathe peut être recommandée en cas de troubles du sommeil chez l'enfant. En effet, les pleurs de Bébé et le refus de dormir peuvent être le signe d'un inconfort. Celui-ci peut être lié aux tensions subies par le bébé pendant l'accouchement, notamment au niveau du dos. Résultat : en position allongée, votre enfant n'est pas bien et vous le fait savoir. Ces tensions peuvent également provoquer des régurgitations ou des coliques qui, à leur tour, peuvent perturber le sommeil. En quelques séances, l'ostéopathe repère ces tensions et les dénoue afin de permettre un rééquilibrage général, et un meilleur sommeil.

4

L'entrée à l'école, une étape importante

95 *Il rentre à l'école : ça va changer quoi au niveau de son sommeil ?*

L'entrée à la maternelle, vers 3 ans, est souvent un tournant décisif dans les troubles de sommeil de l'enfant. Beaucoup de choses vont changer dans la vie de l'enfant. Il grandit psychologiquement et son rythme veille/sommeil change aussi.

La première année de maternelle est un formidable régulateur du sommeil. L'entrée à l'école agit comme une « chronothérapie ».

- L'enfant et toute la famille prennent l'habitude de se lever toujours à la même heure, vers 7 h 30 environ le matin. Or on sait que **l'heure du lever fixe est le meilleur synchroniseur externe de l'horloge interne de l'enfant** ; c'est le donneur de temps qui est le plus efficace pour régler le rythme de la journée et de la nuit. En se levant à heure fixe, l'enfant s'endort obligatoirement plus tôt pour avoir son quota de sommeil. D'autres synchroniseurs sociaux liés à l'école sont aussi de puissants régulateurs du sommeil : l'heure fixe des repas et des siestes à l'école, la répartition régulière des activités dans la journée, le temps du goûter et du bain ainsi que le repas du soir, sont autant de régulateurs du rythme veille-sommeil de l'enfant.

- À 3 ans, le sommeil se répartit encore en deux phases : l'une nocturne, qui dure environ 11 heures, et l'autre diurne (la sieste) dont la durée est comprise entre 1 heure et 2 h 30. Si l'on estime l'heure du lever moyenne à 7 h 30, il faut donc que les petits soient couchés entre 20 heures et 20 h 30. À cet âge, c'est **la sieste qui régule les besoins de sommeil de l'enfant**. La petite sieste de l'école suffit au petit dormeur, mais peut s'avérer trop courte pour le plus gros dormeur qui accumule une dette de sommeil et est très fatigué en fin de journée. Il faudra écouter et observer son enfant en début de maternelle afin de détecter cette éventuelle dette et y remédier en le couchant plus tôt.
- **Les troubles de l'endormissement régressent le plus souvent**, d'une part à cause de la fatigue liée au nouveau rythme de l'école, mais aussi parce que, psychologiquement, l'enfant a mûri et est capable de mieux se séparer. L'école, en effet, apprend à l'enfant à se séparer de sa mère ou de son référent maternel (nounou ou auxiliaire de la crèche). L'enfant doit absolument s'autonomiser s'il veut s'intégrer. Ce n'est pas dans une classe de 30 élèves avec une seule maîtresse et une seule assistante que l'enfant pourra être materné et soutenu dans la réalisation de tâches de plus en plus complexes comme il l'était encore à la crèche. L'apprentissage de la vie en société tel qu'il se fait à la maternelle permet à l'enfant de s'individualiser, de prendre de la distance par rapport à sa famille et de quitter l'éventuelle relation fusionnelle qui l'empêchait de se coucher tranquillement.
- **Les réveils nocturnes sont également moins fréquents**. Lorsque l'enfant de 3 ans a réussi à s'endormir tranquillement, il est rare que son sommeil soit perturbé par des réveils nocturnes et il s'avère très récupérateur. Alors attention à la dette de sommeil ! Car si l'enfant manque de sommeil, il aura tendance

à le récupérer en allongeant son sommeil lent profond et cela peut générer des troubles comme les terreurs nocturnes (voir p. 172) ou un somnambulisme (voir p. 175). De la même manière que l'apprentissage de la séparation accéléré par la première année de maternelle permettait de mieux s'endormir, cette même autonomisation permet aussi à l'enfant de mieux gérer ses réveils nocturnes. La présence de son doudou suffit souvent à cet âge à l'enfant pour se rendormir sans l'aide de ses parents.

L'avis des parents

« Depuis que Luna est entrée à l'école, cauchemars et pipis au lit sont de mise. Pas toutes les nuits, mais ça arrive alors qu'avant, jamais. »
Anne, maman de Luna

96 *Il est très fatigué depuis qu'il va à l'école : que faire ?*

Si votre enfant est très fatigué depuis qu'il est entré à l'école, il faut vous poser un certain nombre de questions.

- **A-t-il son quota d'heures de sommeil ?** Peut-être qu'il ne dort pas lors de la sieste à l'école, car il y a trop de bruit et que les conditions qu'il connaissait avant (calme, noir complet, lit confortable…) ne sont pas réunies. En interrogeant la maîtresse et l'ATSEM*, vous aurez un début d'explication. Si votre enfant est un gros dormeur, peut-être vous faudra-t-il le mettre à l'école uniquement le matin, pour lui permettre de faire sa sieste à la maison ? Dans ce cas, la solution sera peut-être de faire appel à une nounou pour garder votre enfant l'après-midi ou, si vous le pouvez, de demander de l'aide aux grands-parents. Il faudra bien sûr veiller à l'heure de son coucher et décaler le rythme de vos soirées qui ne sont peut-être plus en phase avec le rythme de votre enfant.

- **Peut-être que votre enfant est particulièrement affaibli ?** La rentrée scolaire se déroule en automne, puis l'hiver arrive juste après... Or ces saisons, tout comme la première année de maternelle, sont très pourvoyeuses de maladies infantiles ! Les rhumes, les otites, les bronchites risquent de s'enchaîner : en moyenne, un épisode tous les quinze jours à trois semaines ! Si votre enfant est souvent malade, parlez-en à votre pédiatre. Il y a peut-être une hypertrophie des végétations ou des amygdales responsables d'un SAOS (voir p. 125) ? Si votre enfant ronfle, se réveille la nuit, est trempé de sueur le matin ou dort en permanence la bouche ouverte et la tête en hyperextension, il faudra penser au SAOS qui est une indication d'ablation des amygdales.
- **Ce n'est rien de tout cela et votre petit, depuis qu'il est rentré à la maternelle, a tendance à dormir de plus en plus et à se replier sur lui ?** Il s'agit peut-être d'un problème d'adaptation et d'un syndrome dépressif *a minima*. Observez votre enfant, questionnez-le et interrogez la maîtresse. Votre enfant continue ou a recommencé à avoir des difficultés d'endormissement ? Le matin, ses petits camarades ont cessé de pleurer au départ de leurs parents, mais pour lui, c'est toujours difficile ? Il s'est remis à faire pipi au lit ? La journée à l'école, il est sage,

* Agent territorial spécialisé des écoles maternelles.

s'exprime peu et suce son pouce régulièrement dans son coin ? Quand il se réveille le matin ou après la sieste, il bâille et ne semble jamais reposé bien que son quota d'heures de sommeil soit respecté ? Votre enfant n'a peut-être pas encore réussi son passage chez les grands : il reste fragile et est un peu déprimé. Dans ce cas, il est important de réorganiser au mieux sa vie pour lui permettre de s'autonomiser et, au besoin, de consulter un psychologue pour l'aider à passer ce cap.

Le conseil en + de la pédiatre

Vous avez l'impression que votre enfant est particulièrement fatigué ? Un test simple (baptisé Somnol-Enfance), construit sur le modèle de l'échelle d'Epworth (bien validée chez l'adulte), vous permet de détecter si votre enfant est susceptible de souffrir d'une somnolence excessive ou d'un trouble du sommeil. Il est disponible à l'adresse suivante : www.sommeil-mg.net/spip/questionnaires/somnolenfance.pdf

97 *Faut-il le coucher plus tôt ?*

L'enfant qui rentre à la maternelle a encore besoin de beaucoup dormir : presque onze heures la nuit auxquelles s'ajoute une sieste en début d'après-midi. Mais là où la sieste permettait de rétablir les erreurs de la nuit à la crèche ou à la maison, à l'école, ce n'est plus la même chanson ! Cela suffira sans doute pour les petits dormeurs, mais les gros dormeurs, eux, risquent de souffrir. **Il n'y a pas beaucoup d'autres solutions**

que de coucher plus tôt votre enfant. Accepter cela revient à dire que vous êtes prêt à réorganiser votre soirée ! À décaler l'heure du bain, du repas, du coucher, à réorganiser les activités avec les grands… Si vous rentrez tard le soir tous les deux, essayez de trouver chacun le moyen d'arriver plus tôt au moins une fois par semaine.

Et si vous ne le faites pas, que se passera-t-il ? Rien si votre petit n'a pas besoin de beaucoup de sommeil. Il se réveillera spontanément le matin et sera de bonne humeur, il démarrera rapidement la journée sans traîner sa fatigue et ses bâillements irrépressibles. En revanche, **un enfant en dette de sommeil sera difficile à réveiller, mangera mal son petit déjeuner, sera inattentif le matin en classe, voire irritable et agressif** envers ses camarades. La fin de journée risque d'être cauchemardesque ! Votre enfant chouinant depuis la sortie de l'école, faisant des caprices et refusant de manger, vous risquez de vous fâcher et de compliquer la situation à laquelle il existe pourtant une solution : coucher votre enfant plus tôt !

98 *Faut-il l'inciter à faire la sieste le mercredi après-midi ou le week-end ?*

Le rythme scolaire n'est pas toujours adapté au sommeil de votre enfant. Si la sieste existe encore théoriquement en petite section de maternelle, elle disparaît dès la moyenne section, même si certains enfants en ont encore besoin. Si moins de 1 % des enfants de 7 ans font encore la sieste, il n'est pas rare que des enfants de 5 ans en aient encore besoin. La sieste joue encore son **rôle de tampon pour la régulation des besoins de sommeil de l'enfant** à cet âge et ces besoins peuvent être satisfaits sur la durée d'une semaine.

Ainsi, **le petit qui ne dort pas assez les jours d'école peut se rattraper le mercredi et le week-end sans pour autant que son rythme veille-sommeil soit désorganisé**. Inciter son enfant à faire la sieste ces jours-là peut être une bonne chose. S'il refuse, il faudra le tolérer et lui permettre de simplement marquer un temps calme aux heures de sieste habituelles (voir aussi p. 144).

99 *Faut-il l'inciter à faire des grasses matinées le week-end ?*

Qu'en est-il des grasses matinées qui ont si bonne presse chez les adultes ? **Réponse : elles devraient être proscrites dans le monde des enfants !** Autant la sieste est idéale pour récupérer un manque de sommeil accumulé pendant la semaine, autant la grasse matinée est néfaste, même une fois de temps en temps. Pourquoi ? Pour de simples raisons qui tiennent au métabolisme du sommeil. On sait que la plus longue période de sommeil suit la plus longue période de veille. **Si on décale l'heure du lever, on donne un mauvais signal à son organisme qui retarde progressivement l'heure du coucher et peut entraîner un véritable retard de phase**, comme on le rencontre régulièrement chez les adolescents. Une heure de lever tardive entraîne des difficultés d'endormissement et donc un mauvais sommeil la nuit suivant la grasse matinée. Le petit fatigué ne profitera pas de sa journée et récupérera à la sieste. Il en résultera une nouvelle difficulté d'endormissement et plus de difficulté à se lever le lendemain matin ! Le cercle vicieux est enclenché… Le mieux serait donc de se coucher et de se réveiller toujours à la même heure ou avec une heure de décalage maximum le week-end ou pendant les vacances. De même, pendant la semaine, pour les enfants qui ne doivent pas se lever tôt le mercredi, ce n'est pas une bonne idée de veiller plus tard sous prétexte qu'il n'y a pas école le lendemain !

100 *Il fait pipi au lit : que faire ?*

L'énurésie nocturne (le fait de faire pipi au lit) a toute sa place dans un livre sur les troubles du sommeil car rien ne dérange plus le sommeil du petit que le réveil dans des draps froids et mouillés d'urine. Cependant, **on ne peut pas parler d'énurésie nocturne avant l'âge de 5 à 6 ans, donc pas avant la dernière année de maternelle.** C'est un trouble extrêmement répandu : environ 8 à 12 % des enfants de 6 ans font pipi au lit en France. Ils sont encore 5 % à 10 ans ! Si votre enfant est dans ce cas, rassurez-vous : ce problème finit toujours par se résoudre. On ne connaît pas d'adultes faisant encore pipi au lit !

L'énurésie n'est pas une maladie. Il s'agit simplement d'un mauvais contrôle de la vessie pendant la nuit après l'âge où, normalement, le contrôle sphinctérien nocturne est acquis. Il n'y a pas de contrôle volontaire possible car les fuites urinaires ont lieu le plus souvent pendant le sommeil profond. Il faut faire la différence entre :

- l'**énurésie primaire :** l'enfant n'a jamais été propre la nuit ;
- l'**énurésie secondaire :** l'enfant a déjà eu de longues périodes de continence urinaire nocturne mais, à la faveur d'un événement (entrée à l'école, séparation des parents, naissance d'un autre enfant), il se remet à mouiller son lit. Dans ce cas, il est essentiel de rassurer l'enfant, et de ne pas oublier que c'est une période transitoire.

L'énurésie primaire (qui seule nous intéresse ici) a une composante génétique certaine. Elle correspond à une anomalie de sécrétion de l'hormone antidiurétique. Si ce type d'énurésie touche environ 10 % des enfants de 6 ans, il passe à 45 % chez les enfants dont un des parents a été énurétique et à 75 % si les deux parents ont fait pipi au lit tardivement !

Ce trouble peut être mal vécu par l'enfant et devenir un handicap social quand il se sent stigmatisé et que cela l'empêche de vivre comme les autres enfants. En tant que parent, il est très compliqué de savoir quel comportement adopter : compréhensif, tolérant, réprobateur ? Bien sûr, l'attitude la meilleure se situe entre toutes celles-ci : trop de tolérance confirme l'enfant dans une attitude infantile qui l'empêche de progresser et de se prendre en charge ; le caractère réprobateur n'a aucun intérêt car l'enfant n'est pas responsable du non-contrôle de sa vessie durant la nuit…

Pour aider son enfant, il faut comprendre d'abord que l'énurésie a des causes complexes comme un retard de maturation neurologique : l'enfant ne sait pas reconnaître la sensation de vessie pleine ni retenir ses urines quand le besoin est pressant. Il peut s'agir aussi d'une instabilité vésicale qui entraîne une vidange de la vessie anarchique liée à la contraction anormalement fréquente du sphincter de la vessie même quand celle-ci n'est pas pleine. Dans tous les cas, il faut retenir que **l'énurésie n'a pas de causes psychologiques sauf dans de très rares cas d'énurésie secondaire**.

Quelques conseils simples pour gérer l'énurésie :

- **Ne commettez pas les erreurs classiques** qui consistent à assoiffer l'enfant le soir, à le réveiller alors qu'il est en sommeil profond et ne se rend compte de rien (il peut certes faire quelques gouttes mais il n'apprend rien car il ne gardera aucun souvenir de ce réveil) ou encore lui laisser des couches alors qu'il manifeste le désir d'être propre la nuit.
- **Gardez des idées claires et soyez patient** : pour lutter contre l'énurésie, il faut que l'enfant soit prêt à coopérer. En d'autres termes, il faut qu'il ait l'âge correct (avant l'heure, ce n'est pas l'heure) et qu'il soit gêné par ses fuites nocturnes afin de manifester un vrai désir de changer les choses. Si la demande

de traitement vient uniquement des parents, elle n'a aucune chance d'être couronnée de succès.

- **Responsabilisez l'enfant.** Lorsqu'il mouille son lit, il doit changer son linge et ses draps souillés et, idéalement, mettre la machine à laver en route lui-même. Donnez-lui un agenda sur lequel il notera les nuits sèches et les nuits mouillées sous forme de soleil ou de pluie, comme des événements marquants qui sont des victoires. La succession de nuits sèches peut être récompensée.
- **Une rééducation vésicale est également nécessaire** afin d'augmenter la tolérance vésicale et sa capacité. Faites boire l'enfant dans la journée et retardez de plus en plus le moment d'uriner lorsqu'il en ressent le besoin : cela lui permettra de reconnaître les sensations procurées par une vessie pleine. Apprenez-lui à se retenir et à arrêter son jet lorsqu'il commence à uriner afin de comprendre qu'il peut ouvrir ou fermer son sphincter sur commande dans la journée mais aussi la nuit.
- En dernier lieu et si – et seulement si – l'enfant le demande, **un traitement médicamenteux transitoire pourra être prescrit**. Il consiste en la prise d'un analogue synthétique de l'hormone antidiurétique (Minirin®) le soir pendant quelques semaines ou d'un médicament contrôlant l'instabilité vésicale (Ditropan®). On peut aussi faire appel, pour les plus grands, à un système de « pipi-stop », technique comportementaliste consistant en une alarme qui réveille l'enfant dès qu'il se met à uriner.

7 règles d'or à garder en tête pour assurer un bon sommeil à votre bébé

1. **Apprenez à connaître votre enfant.** Essayez de repérer son rythme veille/sommeil, si c'est un petit ou un gros dormeur… C'est ce qui est le plus difficile quand il s'agit de son premier enfant. Il faut aussi connaître les principales étapes de développement de l'enfant pour comprendre comment fonctionne son sommeil, et adopter les bons réflexes.
2. **N'oubliez pas que tous les enfants sont différents**, en matière de sommeil aussi. Les outils pour aider les tout-petits à bien dormir sont connus, mais il n'y a pas de recette miracle. C'est aussi vrai pour le nouveau-né que pour l'enfant plus grand. Ne comparez pas votre enfant avec d'autres, que ce soit avec ceux de votre voisine ou même avec vos autres enfants. Chaque trouble du sommeil est spécifique car l'enfant n'est pas le même, le contexte est différent, et il survient dans une période différente de la vie des parents.
3. **Soyez patient.** Un enfant a besoin de temps pour trouver le bon rythme. Les problèmes de sommeil se règlent rarement en une nuit, mais ils se règlent toujours. N'intervenez pas

trop facilement dans des troubles du sommeil bénins en les dramatisant.

4. **Faites preuve de fermeté**, mais sachez que la fermeté, ça s'apprend. Ce n'est pas une partie facile, car cela renvoie souvent à des problèmes qui n'ont pas été bien gérés pendant notre propre enfance, et cela demande de dépasser un certain nombre de barrières psychologiques. Aujourd'hui, il est aussi très difficile pour certains parents de se montrer fermes car ils ont peur d'être remis en question, peur que leur enfant ne les aime plus… Apprendre la fermeté, c'est aussi apprendre à prendre de la distance par rapport à ses enfants.
5. **Passez du temps avec votre enfant**, c'est aussi la clé d'un bon sommeil. L'exemple typique est celui du père qui rentre tard le soir et veut profiter un peu de ses enfants en jouant avec eux. Or il ne fait que les exciter et les empêcher de dormir. Certes, le temps n'est pas extensible, mais il existe des astuces pour avoir plus de temps avec son enfant. Sachez vous aménager un soir au moins dans la semaine où vous rentrez plus tôt, profitez du week-end pour être avec votre enfant…
6. **Passez la main, ne restez pas seul.** Personne autour de vous (ni vos parents, ni votre sœur, ni votre meilleure amie) ne connaît mieux la situation que vous, et ne pourra mieux vous conseiller que vous-même. En revanche, se faire aider par un professionnel (pédiatre, psychologue…), qui vous écoutera, vous et votre enfant, est très utile. Cela permet de donner du sens aux choses, de les remettre dans l'ordre, de donner sa place à l'enfant, de l'autonomiser…
7. **N'oubliez pas que les problèmes de sommeil de l'enfant sont rarement uniquement liés à l'enfant.** Ils se déroulent dans une famille, un contexte, une généalogie. Il faut donc s'interroger aussi sur d'autres choses que sur l'enfant. Il n'y a pas de recette miracle mais on y arrive !

Table des matières

Imprimé en France par CPI Bussière en mars 2016
N° d'impression : 2022093
Dépôt légal : avril 2016